经营性公共基础设施 **PROT** 项目融资综合集成管理

王艳伟　王松江　著

本书得到国家自然科学基金项目：经营性公共基础设施 TOT 项目融资霍尔三维模式研究（70962003）、云南农业大学重点培育学科基金的资助

科　学　出　版　社

北　京

内 容 简 介

　　本书将霍尔三维模式和具有东方系统方法论特色的 WSR 系统方法论引进到 PROT 项目中来,建立基于霍尔三维模式和 WSR 系统方法论的经营性公共基础设施 PROT 项目融资综合集成管理模型。利用熵理论揭示了中小水电 PROT 项目融资熵的形成及演变机理,并应用博弈论建立中小水电 PROT 项目融资在购买阶段和经营阶段的带熵博弈模型,最后通过借助 NetLogo 仿真软件,对中小水电 PROT 项目融资进行了仿真模拟,构建了经营性公共基础设施 PROT 项目融资霍尔三维模式动态集成管理机制,最后结合 ABC 水电站项目对本书的理论研究进行案例分析与研究。

　　本书可供政府、企业、国际合作项目的管理人员、高等院校相关专业的师生阅读,指导各级政府运用 PROT 项目融资的模式进行项目管理,对从事亚洲基础设施投资银行相关工作的人员具有一定的理论指导和应用参考价值。

图书在版编目 (CIP) 数据

经营性公共基础设施 PROT 项目融资综合集成管理 / 王艳伟,王松江著. —北京:科学出版社,2015

　ISBN 978-7-03-043626-9

　Ⅰ. ①经… Ⅱ. ①王… ②王… Ⅲ. ①公用事业—基础设施—融资—研究—中国 Ⅳ. ①F299.24

　中国版本图书馆 CIP 数据核字 (2015) 第 045620 号

责任编辑:马　跃 / 责任校对:张　红
责任印制:徐晓晨 / 封面设计:无极书装

科 学 出 版 社 出版
北京东黄城根北街 16 号
邮政编码:100717
http://www.sciencep.com

北京厚诚则铭印刷科技有限公司 印刷
科学出版社发行　各地新华书店经销

＊

2015 年 3 月第 一 版　开本:720×1000　1/16
2016 年 2 月第二次印刷　印张:11
字数:201 000

定价:**56.00 元**

前　言

经营性公共基础设施项目是关系国计民生的重要工程项目，是牵涉到国家安全和民众生活的民生工程，是关系经济发展动力的工程项目。水电能源项目作为可再生的清洁能源，关系到国家的可持续发展，关系到经济的持续增长，关系到人民的福祉，备受社会各界的关注。

国家"十二五"规划纲要提出，在做好生态保护和移民安置的前提下积极发展水电能源，并明确"十二五"期间要开工建设 1.2 亿千瓦水电的目标。大力发展水电能源既是我国能源战略的必然选择，也是我国经济、社会和生态环境可持续发展的必然选择。大型水电能源工程项目的建设需要大量的资金，进行项目融资（project finance）将是大型水电能源项目的有效途径。

目前，中小水电站项目运营过程中，出现了运营管理不畅、无法继续维系下去的问题，如何有效地解决这一问题，保证中小水电项目能够走出困境，促进项目顺利实施，是摆在我们面前的一个难题。基于此原因，本书尝试提出借助PROT（purchases-rehabilitate-operate-transfer，即购买-重建-经营-转让）项目融资模式来解决这一难题，并通过基于熵的 PROT 项目融资模式综合集成管理模型和动态仿真模型来有效促进中小水电站项目的顺利实施、永续和谐发展。

本书将霍尔（Hall）三维模式和具有东方系统方法论特色的 WSR（wuli-shili-renli，即物理-事理-人理）系统方法论引进 PROT 项目中来，尝试建立基于霍尔三维模式和 WSR 系统方法论的 PROT 项目综合集成管理模型，将 PROT项目融资的各方面利用系统论的观点有机地联系起来，实现中小水电 PROT 项目融资的综合集成管理。

本书首先分析了中小水电站存在的管理效率低下等问题，并对中小水电项目融资问题涉及的相关理论进行了深入的分析与研究。其次在理论上研究了中小水电 PROT 项目融资综合集成管理框架体系，利用熵（entropy）理论揭示了中小水电 PROT 项目融资熵的形成及演变机理，并应用博弈论建立中小水电 PROT项目融资在购买阶段和经营阶段的带熵博弈模型，然后通过借助 NetLogo 仿真软件，对中小水电 PROT 项目融资进行了仿真模拟。最后在以上理论分析框架和研究模型基础上，建立中小水电 PROT 项目融资综合集成管理模型，并构建了中小水电站 PROT 项目融资霍尔三维模式动态集成管理机制，结合 ABC 水电站项目对本书的理论研究进行案例分析与研究。通过理论与案例的结合，使本书的研究成果既能得到理论上的支持，也能经过实际应用来证明其实用价值，并且能进一步应用于项目实践。

本书主要研究内容如下：第 1 章在分析目前经营性中小水电站存在问题的基础上，对国内外相关文献进行了论述和分析，最后阐述了研究内容、方法、技术路线及创新点；第 2 章对本书所涉及的项目管理、项目融资、博弈论等相关理论基础进行了详细的论述；第 3 章建立了 PROT 项目融资模式的框架；第 4 章建立了经营性公共基础设施 PROT 项目融资综合集成管理框架体系；第 5 章分析了 PROT 项目融资熵演进机理，借助霍尔三维模式和 WSR 系统方法论建立了 PROT 项目融资熵度量模型，从物理时效熵、人理结构熵和事理要素熵三个维度定量分析项目融资熵的变化；第 6 章运用带熵博弈理论，建立了 PROT 项目融资多目标非线性规划带熵博弈模型，并利用 Matlab 工具进行求解；第 7 章借助多 Agent 技术和方法，建立经营性公共基础设施 PROT 项目融资霍尔三维模式集成管理仿真模型；第 8 章通过 ABC 水电站项目进行了案例应用分析；第 9 章阐述了本书的结论、研究评价和进一步的研究方向。

本书的出版得到了国家自然科学基金"经营性公共基础设施 TOT 项目融资霍尔三维模式研究"（项目编号：70962003）和"云南农业大学重点培育学科基金"的大力支持与资助。本研究成果对政府、企业集团、国际合作项目的高级管理人员、项目经理、工程技术人员、科技工作者、高等院校相关专业的师生，特别是对有志于从事亚洲基础设施投资银行（Asian Infrastructure Investment Bank，以下简称亚投行）相关工作的人员具有一定的理论指导和应用参考价值。

本书作者在研究过程中，参阅了国内外大量论文、著作及相关资料等，并摘要编成"参考文献"附于文后，若有遗漏之处，敬请谅解，对所有文献的作者一并表示感谢。作者对于经营性公共基础设施 PROT 项目融资综合集成管理的研究还不成熟，本书只是抛砖引玉，不妥之处，敬请读者不吝批评指正。

王艳伟

2014 年 12 月 19 日

目　录

第 1 章

概　论

1.1　经营性中小水电站目前状况

1.1.1　经营性中小水电站目前陷入困境

2011 年 8 月 4 日，北极星电力网新闻中心和《昆明都市时报》等多家媒体报道：云南中小水电站覆盖了 90％以上云南边远贫困民族地区，云南农村近 70％的人口用电和 90％的农业生产用电来自中小水电，截至 2010 年年底云南已投产装机 1 685 万千瓦，占全省投产水电装机的 65.6％，有力支撑了云南省经济社会发展和国家"西电东送"战略实施。但这些云南中小水电站处境十分艰难。中国的五大发电集团立即成立了中小水电站收购工作组，这些大的发电集团购买中小水电站其实是为了改善能源结构，提高清洁可再生能源所占的比例。国有发电集团收购中小水电站后，再投入一定的资本对水电站进行技术升级，并进行科学规范管理，借以提升中小水电站的整体能力并使之彻底走出困境。早在 2003 年左右，来自广东、福建、上海、湖南、云南、浙江等省市的私有企业主及部分国有企业，大量进军云南省投资开发中小水电站。混乱开发式、跑马"圈河"式、民营资本主导式、滥占水电资源式的中小水电项目在红土高原如雨后春笋大量出现。缺乏科学规划的指导、不合理的上网电价、电力消纳不公平、资源严重浪费、工程质量低下、不经安全鉴定及验收就开始运行、效益下滑、对生态环境造成严重影响、缺乏科学管理经验、威胁防洪安全、给国家和人民群众的生命及财产造成巨大损失等一系列问题在 2011 年集中爆发[1~3]。

这些绝不仅仅是云南省的问题，公共基础设施项目管理创新团队深入福建、湖南、江西、浙江、四川、黑龙江及云南各地的中小水电站进行大量实地调研工作，包括云南在内的中国十三大水电基地①及 GMS(the Greater Mekong sub region，即大湄公河次区域)国家②均存在相同或相似的问题。

目前，在中小水电站项目运营过程中，出现了诸多的问题，如何有效地解决这些问题，保证中小水电站项目能够走出困境，促进项目顺利实施，是摆在我们面前的一个难题。基于此原因，作者尝试提出借助 PROT 项目融资模式来解决这一难题，并通过基于霍尔三维模式的综合集成管理机制和动态仿真模型来有效地促进中小水电站项目的顺利实施、永续和谐发展。

1.1.2　经营性中小水电站存在的问题

公共基础设施项目管理创新团队深入福建、湖南、江西、浙江、四川、黑龙江及云南各地的中小水电站进行了大量的实地调研工作，研究发现目前在中小水电站融资过程中存在以下问题。

(1)由于融资过程复杂、融资的周期较长，因此外界条件的变化很容易使其出现过程反复的现象，经常给项目带来较大的经济损失。

(2)由于涉及的利益相关方比较多，因此各利益相关方之间信息不对称，容易出现"信息孤岛"现象，造成融资过程中成本较高，极大地阻碍了现有项目融资模式的顺利推进。

(3)在项目融资的整个过程中，由于未实现综合集成管理，项目融资系统的熵过大，造成项目融资的管理效率低下。

如何解决这些问题？用什么方法解决这些问题？基于熵的 PROT 项目融资模式综合集成管理研究可以探讨性地用于解决这些难题。

1.1.3　研究经营性中小水电站 PROT 项目融资的意义

1. 理论意义

(1)在经营性基础设施 BOT(build-operate-transfer，即建设-经营-转让)、BT(build-transfer，即建设-转让)、TOT(transfer-operate-transfer，即转让-经营-转让)及 PPP(public-private-partnership，即政府和社会资本合作)等项目融资模式研究基础上，从理论创新角度探讨中小水电站 PROT 项目融资模式。

(2)解决项目融资过程中，长期困扰融资各方的"信息孤岛"现象，实现 PROT 项目融资的综合集成管理。

---

① 金沙江水电基地，雅砻江水电基地，大渡河水电基地，乌江水电基地，长江上游水电基地，南盘江、红水河水电基地，澜沧江干流水电基地，黄河上游水电基地，黄河中游水电基地、湘西水电基地、闽浙赣水电基地，东北水电基地，怒江水电基地，以下简称中国十三大水电基地。

② GMS 国家为澜沧江-湄公河次区域的泰国、越南、缅甸、老挝、柬埔寨、中国(云南)，以下简称 GMS 国家。

（3）项目融资的过程较长，涉及的利益相关方较多，可以在项目融资运行的不同阶段动态地把握项目融资中各利益相关方之间的逻辑关系及由此产生的项目融资熵，建立 PROT 项目融资动态综合集成管理模型，从而实现项目融资整体的最优化。

2. 现实意义

（1）通过综合实力雄厚的社会投资者(investor)(如国有发电集团)收购，把中小水电这种清洁可再生能源充分地、可持续地永续利用起来，这十分符合国家资源可持续发展的重大战略，同时被各级政府看好，也深受国内外行业的认可。

（2）综合实力雄厚的社会投资者(如国有发电集团)初始投资大大少于 BOT、BT、TOT 和 PPP 等方式，减小它们的投融资压力；也为中小水电站项目区各级政府吸引新的发展资金进行流域水电能源滚动开发，提供更为有力的"新鲜"资金保障。

（3）盘活中小水电站存量资产，实现投融资升级，满足扩大内需、云南"西电东送"和云南"桥头堡战略"的要求。

（4）为中小水电站引入先进的管理模式，使中小水电站管理逐步走向科学化、市场化、国际化，并为中小水电站项目去培养高质量的专门人才。

1.2 国内外研究动态及现状

1.2.1 国外研究动态及现状

1. 融资理论方面

著名的美国经济学家 David Durd 首次提出了净营运收入理论和净收入理论，这些理论构成了资本结构理论的开始，同时，他认为当企业具有一定程度负债时，债权融资和股权融资风险都不会显著增加，在股权成本和债权成本相对稳定的情况下，负债会使企业价值有所提高。一旦超过此限，由于债权融资和股权融资都要求较高的报酬率，从而使资本成本提高，但是，股权成本和债权成本会开始上升，同时企业价值也会随之开始下降。美国学者 Modigliani 与 Miller 于1958 年第一次提出了 MM 理论，象征着现代资本结构理论开始建立起来，在七项假设的前提下提出的 MM 理论，主要利用套利原理证明了在无税的条件下，企业的负债和企业的价值的多少没有关系[4]。Modigliani 和 Miller 于 1963 年又对 MM 理论进行了一定的修正，提出了公司税模型。他们指出，由于公司税的影响，负债会由于利息抵税而相应产生一定的财务杠杆效应，从而使加权平均成本有所降低，企业价值将得到提高，当债务资本在资本结构中的比例接近 100%时才是最理想的资本结构，此时企业价值将达到最大。1976 年米歇尔和威尔逊将财务代理成本和拮据成本引入 MM 理论之后，分析出债务增加对企业是有利的，但必须适度。最佳资本结构应该是负债的抵税利益与负债带来的财务代理成本和拮据成本相平衡时的资本结构，这时企业的价值将实现最大化[5,6]。

2. 融资顺序方面

Ross 把信息不对称理论引入对资本结构的分析当中，他认为如果当发展前景良好时，企业经理大都会采用负债方式进行筹资，以便在财务杠杆的作用下，大幅度提高每股的盈余，从而提高企业的价值。相反，如果企业经理感觉企业前景比较黯淡时或投资项目的风险相对比较大时，则采取发行股票进行筹资[7]。梅耶斯(Myers)博士，对 20 世纪 60 年代唐纳森(Donadson)利用实证研究提出的优序融资理论(pecking-order theory)进行补充、完善，并且指出在信息不对称的条件下，企业在为新的项目进行融资时，应遵守"先债后股，先内后外"的准则，即遵守内部融资—债务融资—股票融资的前后顺序[8]。在债务的期限方面，Johnson 在基于发达国家公司的实证研究分析中，利用资产市场价值与账面价值比率的代理变量来衡量企业的成长性，提出公司的成长性与企业债务期限负相关[9]。Wu 通过对日本企业自由现金流的研究分析发现，短期债务有利于债权人花费较小的努力而成为更有效的监控管理者，随着企业管理者所能控制资源的逐渐增加，需要更多的短期债务来降低伴随自由现金流量而产生的代理成本，提出了自由现金流量与债务期限结构负相关的研究结论[10]。Demirguc-Kunt、Maksimovic 和 Fan、Titman、Twite 研究发现，债券市场的发展与公司债务期限结构成正相关关系，随着企业债券市场的发展，增加了对上市公司长期融资的供给。但是，大部分小公司由于无法进入企业债券市场所以受债券市场的影响非常小[11,12]。Marchica 通过对法律制度和债务期限结构的研究发现，如果法律制度越健全，法律的执行力度越强，则对债权人权利的保护就越好，公司的债务期限结构就越长，在法律制度的健全过程中大型公司的受益越多。但是小企业更可能从银行系统的改进中，而不是从法律制度的改进中获得较多的长期债务。另外收益波动较大的企业受法律制度改进的影响较大，但是收益波动较小的企业受到的影响则较小[13]。

3. 水电融资方面

Bayless、Grallam 及 Weleh 利用对美国成熟资本市场及世界各国不同资本市场的研究发现，市场时机对公司融资决策的影响呈现一致性，管理者在股价处于高价时发行股票，处于低价时购回股票，以便实现目前股东利益的最大化[14~16]。Akhtar 对澳大利亚的资本结构在水电项目融资的影响方面进行了相应的研究，提出水电方面的法规制度、投融资政策分别对资本结构、融资产生十分重要的影响[17]。Ford 通过对美国水电融资的优惠政策的补偿研究，提出应设立水电先进技术管理专项基金，用于鼓励水电的和谐发展[18]。Andreas 从项目的风险、证券化市场本身和证券化主体提出了资产证券化出现的风险及相应的规避措施[19]。Mason Charles 站在资金供应链的角度进行了研究,通过分析融资价值链的影响因子,分别对资金的供应者、资金的需求者及融资的内部环境等因素进行流程的重新优化和设计[20]。

中国台湾的黄怡中利用实物期权的方法,对当项目资产负债率非常高的情况下,公共部门可能应该承担的破产风险进行了研究。英国国家审计署(National Audit Office,NAO)对英国出现的 PFI(private finance initiative,即私人主动融资)的再融资项目做了案例研究。早期的案例(如 Bridgend 监狱)对再融资没有相应的规定,项目公司进行再融资后没有对公共部门进行收益分配。公共监管部门立刻发现了此漏洞,但是对如何监管然后再融资,没有完整且比较好的处理流程,只是特别强调在特许权协议中规定公共部门同样需要获得再融资收益[21]。

4. BOT 项目融资

McCarthy 提出在过去的几年里,BOT 项目已经逐渐引起大家极大的兴趣,同时概述了 BOT 项目的性质,并探讨了与 BOT 方式相关的财务和合同安排方面。财务方面对包括财政筹集所需要的援助、建设成本超支的保留、形成权和经营协议等进行了讨论[22]。Haley 讨论了私营部门投资建造项目的背景,分析了 BOT 结构下的风险配置标准,提供了 BOT 工程的案例[23]。Tiong 和 Alum 在 BOT 项目选择过程中,对当前的技术即净现值法、评分系统和决策技术进行了概述。他们还提出了对 BOT 从业人员的调查、评估 BOT 政府常用的主要标准[24]。Tiong 和 Alum 还研究了在 BOT 招标中财务方面的承诺,在竞争激烈的情况下,融资是不确定的,高水平金融承诺的建议使政府更具吸引力,并且提出了具有发展策略的 BOT 项目竞争的金融方案[25]。Tam 研究归纳出一个成功的 BOT 项目的结构。该结构包括一个有经验的、公平的、简单的管理机构,一套廉洁和诚实的政治制度,一个完整的合同,一套结构化的 BOT 法律规章制度,一个大且可靠的联盟,一个经验丰富的施工组织,最后但最重要的是不干预政治[26]。Yeo 和 Tiong 提出了获得管理 BOT 降低风险的策略,即企业各利益相关方积极管理关键的风险因素,利用其强大的创业团队的领导能力来实现对财团内部的主动控制。该策略可以显著减少企业和项目风险[27]。Kumaraswamy 和 Zhang 讨论了为保证 BOT 机制工作的顺利进行,政府需要处理的各种问题,并且从中国香港的运输/隧道工程 BOT 项目管理框架有效发展的经验对案例进一步做了阐明[28]。Chen 等提出为了满足经济增长,目前已在发达国家和发展中国家应用 BOT 的项目最近有所增加,然而,BOT 不仅适用于公共部门与私人部门之间,而且可以应用于第三部门及非营利组织(non-profit organization,NPO),他们同时提出一种新的可行模式,即建立-租赁-转移(build-lease-transfer,BLT)模式[29]。Forouzbakhsh 等提出了将水力发电厂作为基础设施项目的一部分,使其在国家经济社会发展发挥重要作用,因此可以采用 BOT 模式。他们综述了 BOT 合同的结构和经济评价的基础，通过不同比例私营部门的投资给中小型水力发电站提供费用，其研究表明通过增加私营部门的投资份额的比例，可以大幅提高经济指标[30]。Chen 研究了政府重新定义自己的角色和完善 BOT 项目交付的机构如何设置使开发商和投资者可以更好地了解和参与到中国巨大的市场中[31]。Zhao 等通过大量的文献调查，对中国 BOT 电力项目进行研究，确定了 5 个类别 31 个成功因素。通过对调查结果进行分析，探讨确定其中成功的因素，为中国 BOT 电力项目感兴趣的各方提供了有益的参考[32]。Ebrahimnejad 等识别了 BOT 项目中常见的风险，提出了一种新的风险分层结构，介绍了 BOT 项目风险排序的有效标准[33]。Wu 等提出了高速公路 BOT 项目的多目标规划问题，把它看做一个三层的领导-追随博弈模型，并进行了求解[34]。Qiu 和 Wang 开发了一个模型来研究如何激励 BOT 合同效率及其调控问题。其研究表明，BOT 合同价格、特许期延长可以提高效率[35]。Kang 等构建了一个解决 BOT 项目法律谈判的双层规划（bilevel programming，BLP）模型，并给出了一个启发式算法[36]。Auriol 和 Picard 讨论了在 BOT 项目中，如果政府和企业管理者不共享相同的有关设施的运行信息，其应该如何做出选择的问题。研究表明，较大影子成本的公共资金和更大的信息不对称诱使政府选择 BOT 时做出让步[37]。

5. PFI/PPP 项目融资

Clark 和 Root 介绍了 PFI 对政府计划的重要性。他们阐述了 PFI 制度的历史，以及为何新政府支持 PFI 的原因，并做出了改进其有效性的重要举措[38]。Spackman 提出将 PFI 项目纳入一个更广泛的计划——PPP 中。相比传统的资金采购，PFI 方法带来的好处和成本，往往是不确定的，虽然 PPP 主要推动力仍然是思想和会计战略的层面，但是在实际应用中具有许多有益的借鉴与应用[39]。Bing 等在公共基础设施项目中将 PPP 采购看做是实现物有所值的有效途径。PFI 在英国是另一种形式的 PPP，旨在结合竞争性投标和灵活的谈判，转移风险远离公共部门。其在公众和私人投标人评估所有在整个项目生命中潜在的风险是非常重要的[40]。Clifton 和 Duffield 探讨了 PFI / PPP 项目通过联盟整合的概念。在这种情况下，适当的管理是可以实现和提高长期服务的，使 PFI / PPP 项目通过构建协议顺利地实现[41]。J. R. Cuthbert 和 M. Cuthbert 提出内部收益率（internal rate of return，IRR）是一种常用的 PFI 性能指标，论述了为什么 IRR 是私人主动融资的一个重要指标[42]。

有关 BOT、TOT、PPP 项目融资等模式的研究，国外文献也比较多，特别是有关 BOT、PPP 的文献。上述文献一般研究 BOT、TOT、PPP 等模式的概念、适用范围及使用中要注意的事项，并且也研究了净现值、IRR 的重要作用等。但是，有关项目融资集成管理的文献比较少见，对 PROT 项目融资的研究文献也比较少。

1.2.2 国内研究动态及现状

1. 霍尔三维模式

美国学者霍尔（A. D. Hall）于1969年提出了系统工程"霍尔三维模式"，将系统工程活动看做由时间维、知识维/专业维与逻辑维组成的霍尔三维模式，是用于解决结构复杂、因素较多的项目管理问题的系统工程方法论[43]。霍尔三维模式自从1969年被提出来之后，在社会的各个方面应用的比较迅速和广泛，如在日常管理、经济、教育、风险管理、水利水电、房地产开发、软件开发、武器制造、物流、航天技术管理、企业管理、技术创新及工业技术等方面都开始了广泛的应用。

郭贻晓首先介绍了霍尔三维结构，然后探讨了应急演练的本质、分类及其作用，最后将应急演练和霍尔三维模式结合，给出了应急演练的霍尔三维结构与管理矩阵，并结合国家级的教学性演练实例对霍尔三维结构进行了应用研究[44]。岳志勇和丁惠结合霍尔三维结构模型，在论述培训与推广技术创新方法重要性的前提下，建立了培训推广技术创新方法的霍尔三维结构模型，并将该模型应用于创新方法培训相关主体之间关系的研究，根据不同的主导驱动元素，把四元主体模型阶段分为机构推动型、政府推动型和自觉发展型，并阐述了霍尔三维结构模型和四元主体的关系[45]。阮中和对中小水电站利用霍尔三维模型进行三维分析，运用故障树分析法，从定性和定量两个角度分析了风险发生的最小径集、最小割集、顶事件发生概率等，最后给出了针对特许经营期内可能发生风险的相应对策措施[46]。王艳伟等针对中小水电站现有运营模式已不能适应解决现实中的经营难题，在分析研究PROT和TOT项目融资模式的基础上，借助霍尔三维模式对二者进行了比较研究，并将其异同点有机地统一在霍尔三维模式下，形成对二者的集成比较研究，最后给出了初步的逻辑数学表达式并进行简短的案例分析，以实现对项目边界的有效判断，从而促进中小电站项目能有序地运营[47]。李苹利用霍尔三维结构的理论，建立了企业创造力开发的三维模式，将时间维划分为发现、培养、实践和总结四个阶段；逻辑维划分为提出问题、设计目标、综合方案、系统选择和实施计划；知识维划分为人文、科技、创造、管理和专业知识等几个方面[48]。姜忠鹤等利用霍尔三维结构理论并结合相关创新理论和方法，建立了创新能力开发的三维结构。从逻辑维、时间维和知识维/专业维三个维度来研究创新能力开发，从而使创新能力开发更合理、更科学。同时也将霍尔三维理论应用到教师和学生能力培养模式中，通过定期的学习，使霍尔三维思想深入到教师与学生当中，进一步提高教师的创新能力与学生的创新意识。通过该理论的实施，学生将会掌握正确的创新思维模式和养成正确的创新意识，从而增强就业竞争力[49]。苏世彬和周小亮在我国企业间电子商务知识转移中，利用霍尔三维模式对知识产权冲突进行了管理[50]。彭向立在风险管理理论与知识的基础上，构建了基于霍尔三维结构的基础设施项目投融资风险管理模型。在时间维度上，根据基础设施项目自身的项目周期，分为规划、建设、运营、移交四个阶段。每一个阶段项目投融资风险管理都应该遵照风险识别、风险评估、风险处理的步骤，并结合项目内外部环境，通过明确目标、完善沟通、严格监管来进行风险管理，并且通过情景分析法、压力测试法、损失预防、风险回避、风险自留、风险转移等风险管理方法来提供支持[51]。李长海等利用霍尔三维结构理论，结合装备保障演习理论和实践，建立了装备保障演习管理的三维结构模型，并从时间维、知识维/专业维和逻辑维对装备保障演习进行集成管理研究，探索了现代管理理论及方法在军队装备保障演习管理领域中的应用[52]。姜忠鹤和闫杰利用霍尔三维结构的理论，结合质量管理理论，提出了质量管理基于逻辑维、时间维和知识维/专业维的三维结构，并且在企业的实际质量管理活动中将霍尔三维理论进行应用[53]。杨洋等在分析项目风险管理的基础上，基于霍尔三维结构理论，给出了项目风险管理的霍尔维度。从动态和系统的角度对项目风险进行分析，若较早发现风险源，并从项目总体目标的角度制定风险应对计划，可减少项目风险造成的损失[54]。张金隆和秦浩源利用霍尔三维结构的分析方法，在分析了区域、主体、活动类型等影响科技经费宏观配置主要因素的基础上，构建了科技经费宏观配置模式的霍尔三维分类模型，为科技经费分类配置及其有效管理提供了科学依据[55]。潘经强利用霍尔三维结构理论，首先分析了我国地方政府优化发展环境评价工作的结构复杂性、涉及因素的系统性，构建了基于逻辑维、时间维与知识维/专业维的地方政府发展环境优化评价体系[56]。徐玖平和卢毅在汶川地震灾后重建研究中，运用 WSR 系统方法论和霍尔三维结构，对其重建进行了三维结构分析[57]。王银华认为采用理论与实际相结合、定性与定量相结合、具体问题具体分析的系统方法，从系统整体出发综合考虑影响系统的相关因素，有利于提高我国高速公路投资项目正确决策的水平[58]。李金海结合项目管理的理论、防范与技术，基于霍尔三维模式的理论，建立了项目管理的三维结构。在对三个维度中的每一维度进行分析的基础上，最终提出了项目管理集成化管理模型[59]。廖鸿志等在深入分析软件工程生命周期的基础上，根据霍尔三维结构模型，从系统的角度全面分析了软件开发的过程，提出了用系统工程理论指导软件开发的方法[60]。刘舒燕和涂建军结合企业业务流程重组的实施步骤，在分析霍尔三维结构的基础上，提出了物流一体化实施的步骤，探讨了物流一体化各实施步骤中的实施方法[61]。李芬花等基于霍尔三维理论建立了水利水电工程霍尔三维结构图，并且基于此创建了水利水电工程的空间几何数学模型。通过研究，分析水利水电工程实施的进展状况，进而控制施工进度，优化施工程序，从而保证施工质量[62]。李海文将霍尔三维结构引入治安防控体系建设过程，从逻辑维、时间维和知识维/

专业维三方面来构建科学、合理的社会治安防控体系[63]。沈梅芳利用霍尔三维结构的空间原理，进行了宁波市组织机构代码设计工作，取得了较好的社会经济效益，从而使组织机构代码更加标准化[64]。

霍尔三维模式的应用研究比较广泛，如日常管理、经济、教育、风险管理、水利水电、房地产开发、软件开发、武器制造、物流、航天技术管理、企业管理、技术创新及工业技术等方面其都开始了广泛的应用。

2. 霍尔三维模式在项目融资中的应用

侯丽和王松江在项目风险的识别方面利用霍尔三维结构模式对其进行判别，并利用模糊故障树方法对项目风险进行定性、定量分析与评估，最后给出 TOT 项目融资主要风险的应对措施[65]。彭程和王松江利用 AHP(analytic hierarchy process，即层次分析法)和霍尔三维理论对项目融资风险进行定量分析与评估，并结合 GJ 至 DT 一级公路隧道项目进行了案例应用[66]。孙荣霞在霍尔三维模型的基础上，按照逻辑维、知识维/专业维、时间维把 PPP 项目划分为风险控制的三维结构。在 PPP 项目整个生命周期的各个阶段，使项目各利益相关方的收益与风险相匹配，来确保公共基础设施 PPP 项目的顺利实施[67]。鲁夏琼在基于霍尔三维模式特许经营权 TOT 融资模式转让方法的基础上，对公路隧道项目融资运营模式进行研究并给出了相应的对策措施[68]。王登霄和王松江在对 TOT 项目融资的风险进行整体分析的基础上，利用霍尔三维结构模型及 AHP，对成渝高速公路案例项目的风险进行了具体研究与评估[69]。饶良辉和王松江利用霍尔三维模型及系统工程方法理论，按照知识维/专业维、时间维、逻辑维将 TOT 项目融资模式的内容进行了划分，对其中每一维度的内涵进行详细分析，然后在逻辑维的"权""人""利"的基础上进行集成，形成了 TOT 项目融资的霍尔三维结构模型[70]。

霍尔三维模式在项目融资中的应用研究主要集中体现在王松江教授及其研究团队的工作中，并且他们在三维框架下进行了"权""人""利"的划分与研究。

3. 公共基础设施项目融资模式研究

周春芳在土地整理项目中运用了 PPP 模式，解决了资金不足及项目效率低下的问题[71]。侯丽和王松江利用主因子分析法，以收费公路 PPP 项目融资模式作为特定研究对象。首先分析了特许经营权影响定价的因素；其次给出了各因素的影响程度；最后对主要影响因素提出对应的保障措施，从而使 PPP 项目特许经营权定价更加合理[72]。杨晓庄等探讨了在高铁建设中利用 BOT 项目融资的可行性及合理性，并制定了相应的支持性政策及配套制度[73]。李力首先调研了 23 个经营性公共基础设施项目融资案例，在此基础上，进行了风险因素的识别，构建了集成风险层次模型。利用模糊层次分析法(fuzzy analytical hierarchy process，FAHP)和 AHP 对各风险因素进行了量化分析，进而确定了关键风险，为项目管理决策提供依据[74]。陈波和徐成桂提供了基于线性规划模型和风险分配原则的 PPP 项目融资风险分配的一种新思路，并从理论上证明了 PPP 项目融资风险分配存在最优结构[75]。黄婉意在分析了国际几种典型的公共基础设施融资模式的基础上，针对建设不同的公共设施提出了比较有效的融资模式与路径[76]。邓学芬和迟宁首先分析了在旅游项目开发中引入 PPP 模式的必要性，其次在此基础上构建了 PPP 融资模式的相关理论模型，最后结合模型对旅游项目开发引入 PPP 项目模式的可行性进行了研究分析[77]。白剑峰介绍了 PFI 项目融资模式风险识别方面的特点、风险类型及方法等[78]。高立昕和王松江鉴于 BOT 项目特许期长、投资高、收益具有较高不确定性及风险大的特征，研究发现如果特许经营设定不合理，将导致投资者无法达到预期的收益，从而导致项目的失败，并且针对这些问题给出了相应的对策措施[79]。程华分析了借用 BOT 模式和 TOT 模式建设公共基础设施，可减轻老挝政府的债务风险和负担，并且借此机会政府可以引进比较先进的设备和技术，抽出的资金用于国家其他领域的建设当中[80]。刘晓燕和王松江提出了对于启动时间不同的一对一关联项，可以利用 BOT 和 TOT 组合应用所带来的好处，并构建了基于项目融资能力的一对一关联项目选择评价指标体系，最后利用灰色关联度综合评价法来实现科学选择组合项目[81]。孙荣霞和王松江在对项目环境影响进行评价的基础上，构建了公共基础设施 BOT/TOT/PPP 的项目环境影响评价分析模型。研究发现当项目环境与项目实际采用的项目融资模式不适应时，应立即更换比较合适的项目融资模式，从而可避免危机，以便使公共基础设施项目尽可能地顺利实施[82]。高丽峰等借用委托—代理理论，分析了 BOT 项目融资中项目公司和政府之间的委托—代理关系。利用项目公司和政府的分成比例，构建了 BOT 项目融资的特许期确定模型；采用激励相容机制进行研究，提出了项目公司最优产量确定模型。研究表明 BOT 项目的项目收益与特许期呈正相关关系，与项目成本呈负相关关系，与项目本身风险的大小及项目公司对待风险的相关态度有关。产品定价和项目成本系数限制了项目公司的最优化产量，产品定价越高，项目的成本系数指标越小，项目公司越倾向于提高产量[83]。期海明首先研究了商业银行参与 BT 项目融资可能存在的法律风险，接着提出相应的防范措施，并以经济适用住房建设为例进行了分析[84]。尤荻和王松江在分析公共基础设施项目融资时，从内外部存在的各种影响因素着手，研究了项目融资中存在的动态性，并引入了关键点的概念，对不同的情况、不同的主体在动态融资中的关键点进行了详细讨论[85]。王海生等首先分析了城市轨道交通在利用公私合作模式时面临的主要风险，然后基于此提出了轨道交通项目在利用公私合作融资模式时的改进意见[86]。杨茜等对大型体育场馆项目利用 BOT 融资模式中面临的风险，如逆向选择风险、投标人联合低价竞标的风险、收益损失风险、完工质量风险、政策和法律缺位风险、资产流失风险等进行了分析，最后给出了防范风险的对应措施[87]。李秀辉和张世英先介绍了 PPP 模式产生的背景、概念、特征、优势和应用实例，然后展望了其在我国公共基础建设中的可能应用[88]。李滔和金正富介绍了 BOT 模式运作的特点及产生的背景，并且分析了我国公路建设融资实施规范化 BOT 的可能性和相关政策措施[89]。

公用基础设施项目融资研究主要集中在对公共基础设施可以采用的融资模式及其在应用中应该注意的事项和风险规避方面的研究，同时也有对特许经营期如何确定方面的研究。

4. 项目融资集成管理

王艳伟等将具有东方系统方法论特色的 WSR 系统方法论引进到 TOT 项目管理中来，尝试建立基于 WSR 系统方法论的 TOT 项目综合集成管理三维模型，将 TOT 项目管理的各方面利用系统论的观点有机地联系起来，实现 TOT 项目的综合集成管理。为检验集成管理的效果，建立了综合集成评价定量分析模型[90]。陈曦建立了基于霍尔三维模式的 BOT、BT 与 TOT 集成融资模式[91]。

鲁夏琼和王松江首先介绍和研究了 BOT 转 BT 转 TOT 项目融资体系结构，建立了基于霍尔三维模式的特许经营权 TOT 融资模式转移方式，结合公路隧道项目相应的融资特点，对公路隧道项目融资运营的模式给出了相应的对策与措施[92]。彭程等在总结单一的 BOT、TOT、BT 融资模式于快速公交系统使用中存在不足的基础上，根据昆明市的具体经济运行状况，建立了昆明 BRT 系统项目融资 BOT-TOT-BT 综合集成融资模式，并探讨了该集成融资模式的结构及其优势情况[93]。王艳伟等在研究各种单一项目融资模式 BOT、TOT、PPP 的基础上，创新性地提出了项目综合集成融资模式，并且着重探讨了项目综合集成融资模式的概念、框架及运行体系。最后利用综合集成的系统重构理论建立了项目综合集成融资的效能评价模型，通过效能评价三维模型对该模式的效能进行了从定性到定量的分析[94]。孙荣霞和王松江首先将城市基础设施项目分解为一定量的小项目，然后根据各个小项目的特点采用不同的融资模式，并且根据环境的变化及时变更或组合为其他的模式，来适应环境的变化，并且以此建立了集成融资模式[95]。王立国和刘禹提出了基于价值集成理论的城市基础设施项目投融资模式[96]。

项目融资集成管理研究主要集中在王松江教授及其研究团队的工作中，他们主要对项目融资的各个方面在霍尔三维框架下进行集成。

5. 水电项目融资

李力利用 ZOPP(zielorientierte projektplanning，即目标导向项目规划)理论与方法，结合案例调查，找出了中小水电项目存在的主要问题，包括生态资源环境、政府政策、社会、经济、工程建设质量和水电站运行管理等方面，其核心问题为中小水电站融资能力较弱的问题。地方政府可以借鉴 PROT 融资模式来系统解决这一问题[97]。李文佩和王松江以云南某水电项目为案例研究，结合 WSR 系统方法论与 FAHP 建立了云南省水电站项目融资风险体系，并且给出了相应的对策和措施[98]。李璞和王松江利用 WSR 系统方法论对某一 TOT 水利水电项目案例进行分析研究，将水利水电项目所涉及的相关内容进行总结分析，确定三个维度的边界条件，并借用巴拉特模型对资产进行一次性定价，得到特许经营价格，接着用灰色关联方法分析了资产定价过程中的影响因素[99]。王倩提出破除主要由国家投入的比较单一的融资模式，学习国际上尤其是西方发达国家在水电项目上的投融资先进理念，采取 TOT、ABS(asset-backed security，即资产抵押债券)、BOT 等多层次、多元化、多形式的融资方式，完善对投资者的补偿机制及法律法规制度，加大国家财政投入力度，保留目前的水利基金制度，以便加速我国水能资源的开发利用进程[100]。周章贵和董国锋提出了以改造后新增的发电收益来支付改造项目所需全部成本的融资方式——合同新能源模式[101]。李明介绍了 ABS 在小水电项目中应用的优势与可行性，并且分析了小水电项目资产证券化的供求关系，给出了小水电项目使用 ABS 的基本运作程序与模式[102]。燕宏川结合已发行成功的"华能澜沧江水电收益资产支持收益专项资产管理计划案例"，研究了水电项目融资模式的选择和资产证券化模式的应用[103]。葛俊尝试建立一个适合大型水电建设项目的融资体系，即包括战略战术设计、宏观环境研究、资金结构优化、融资方案选择四大子系统的融资体系。通过该系统化的融资战略体系，帮助开发企业做出正确的融资战略决策，为竞价上网赢得更大的竞争优势，最终实现可持续健康发展[104]。李鑫和王松江提出了将 PROT、FEPCO(finance-engineering-procurement-construction-operation，即融资-设计-采购-建造-运营)模式等方法应用到水电融资项目中，研究如何缓解融资压力，帮助越南政府增加项目融资，用于实现水电能源滚动开发[105]。

水电项目融资目前主要是针对大型水电站项目进行研究，而对中小水电项目的研究比较少见，并且通常采用 BOT、TOT、PPP、ABS 等方法，但本书将采用 PROT 项目融资模式对中小水电站进行研究。

6. 综合集成管理

吴怀岗以系统科学和复杂性科学为指导，研究了智能电网运营管理中的物理复杂性、系统复杂性和管理复杂性。基于综合集成管理理论和方法，从智能电网运营管理模式、管理组织与流程及管理优化三个方面提出智能电网综合运营管理的对策措施[106]。刘燕花研究出公共工程项目综合集成管理，主要包括管理目标集成、管理信息集成、管理过程集成及管理组织集成。综合集成模型以目标为中心，并且其中任两个方面的集成都存在相互影响、相互作用的关系，只有通过不断在不同集成间寻找配置关系，才能实现系统最初的集成管理目标，最终达到各利益相关方的共赢[107]。谢坚勋提出了在超高层建筑的时间和空间方面，可以采用综合集成管理的手段和方法[108]。邱大灿等提出了大型工程项目的群体集成、过程集成与知识集成构成的三维框架体系，并且根据港珠澳大桥前期决策的综合集成管理实践进行了应用研究[109]。张毅波在研究飞来峡水利枢纽存在"信息孤岛"现象的基础上，建立了一个涵盖枢纽各主要工作业务的综合集成管理系统，并且将该系统分为三大部分——生产实时数据集成、企业应用门户、各子业务系统[110]。徐玖平和卢毅以综合集成体系为指导，利用 WSR 系统方法论和霍尔三维模式，建立了汶川灾后重建系统工程的理论基础，最后给出了灾后重建系统工程的综合集成管理模式[57]。盛昭瀚等分析了大型工程系统复杂性，依据复杂性管理理论与方法，构建了具有中国情景的大型工程项目的综合集成管理理论与方法。其理论的关键是主体的选择、能力的涌现、接口的构建及过程的综合控制，最后通过苏通大桥进行了案例应用分析研究[111]。盛昭瀚和游仲庆融合工程管理理论和综合集成方法论，建立了大型复杂工程建设管理的综合集成管理概念，研究了其基本原理和范式，并且应用在苏通大桥工程管理中[112]。沈小平和马士华利用综合集成方法论作为指导方法，提出了面向复杂管理系统的综合集成管理思想，重点分析了以人为主导、人-机-网络一体化的技术路线，构建了综合集成管理支持系统应用的概念框架[113]。顾基发和唐锡晋详细介绍了综合集成方法在国内外研究的简况[114]。

综合集成管理方法自提出之后便得到了迅速的应用，其主要是处理复杂巨系统，解决以前一般方法无法处理的问题，采用人机结合的模式处理复杂巨系统。

7. 项目融资博弈

王昕博在辨别影响 BOT 交通项目关键因素的前提下，给出研究的假设，并且利用博弈理论作为指导，建立了以政府前期确定的特许期为基础，项目公司确定特许价格的完全信息动态博弈模型，进一步利用逆向归纳法，得出在市场竞争情况下的最优特许期和特许价格，为博弈双方的现实理想决策提供了基本的参考依据[115]。陈星光针对参与融资三方之间的两种委托—代理关系展开研究，运用博弈论建立项目经营者和发起人之间的道德风险博弈模型，以及经营者和项目投资人之间的逆向选择模型，通过最优化均衡条件，揭示特许经营权协议的经营期限、收费水平、权益比例、项目外部风险大小、资金结构与经营者努力水平等几个变量之间的关系，为制定出合理的特许经营权协议和融资贷款协议提供理论依据[116]。俞潇阳等在分析了项目各参与方之间利益冲突的基础上，构建了相应的博弈模型，接着在其模型计算结果的基础上，建立了一个能够帮助各参与方选择是否披露直接经济收益的博弈框架[117]。刘宪宁通过引入不完全信息动态博弈理论和分析 PPP 项目融资风险分担的原则及流程，提出了城市轨道交通 PPP 项目风险分担处理的一般应对措施[118]。吴孝灵基于 Stackelberg 博弈模型，同时考虑建设成本等要素，构建了政府和私人投资者的博弈模型，并且得到了均衡解，提出了政府的最优激励政策和私人最优投资策略[119]。鲍海君等利用博弈论方法，构建了特许权期决策的 Bargaining 博弈模型，该模型克服了 BOTCc M 模型的缺陷，能够计算出特许权期决策的具体时间，然后进行了算例应用，说明了其有效性[120]。

博弈论在项目融资方面的研究主要集中在特许经营期的确定等方面，而对在项目融资运行过程中各利益相关方之间的博弈分析则比较少见，本书将建立 PROT 项目融资多方博弈模型。

8. 项目融资的仿真研究

刘辉通过分析影响创业团队合作成员进入和退出的因素主要是领导成员和团队成员交互两类行为，并且对这两种行为进行了建模，利用 NetLogo 对该系统模型仿真[121]。单红梅等从网络战略、结构、关系三个层面将服务外包集群创新网络内企业的网络能力划分为网络愿景、网络构建、网络关系管理三个维度，并运用 NetLogo 仿真模拟的方法模拟了服务外包企业的网络能力对企业创新绩效的影响[122]。王春梅等运用 NetLogo 这一仿真软件模拟品牌与消费者的市场互动关系，分析了品牌搜寻消费者成本、市场容量及品牌价值增量的变化对品牌生命轨迹变化的影响关系，并得出相关的结论[123]。龚波等以复杂适应系统 (complexity adaptive system，CAS) 理论建模思想为指导，建立了粮食开放经济条件下各主体之间的博弈模型，并且利用 NetLogo 多智能体仿真平台进行了动态演化模拟仿真[124]。刘小波结合基于 Agent 的建模与仿真法、复杂网络和舆情动力学模型，提出了基于多 Agent 复杂网络的舆情演化模型框架。基于 NetLogo 仿真平台，实现了该模型的原型系统，并应用原型系统进行仿真实验，验证了对于不同对象开展舆论宣传工作所产生的效果不同，验证了理论模型和原型系统的可用性和有效性[125]。龚承柱等根据矿区的水文地质条件，分析了煤矿水害事故的形成原因和演化机制，采用复杂系统理论和多主体建模方法，建立了煤矿水害演化模型；利用 NetLogo 仿真平台，对不同类型水害事故进行仿真模拟，动态表现煤矿水害演化过程及影响因素之间的脆弱性关系[126]。阮国祥等构建了创新资源分配和企业绩效之间的关系模型，利用 NetLogo 仿真平台，通过多个参数组合，分析不同市场竞争程度条件下探索-利用式创新资源分配和企业绩效之间的关系，证明了探索-利用式创新资源的平衡有利于提高企业绩效，即市场竞争程度越高，二者平衡越重要。他们同时也发现新产品的研发风险程度也会影响企业的创新资源分配和市场绩效[127]。程国建等在复杂适应理论基础上，利用多 Agent 的建模仿真方法，以反应型 Agent 为基础建立了一个生态系统的模型。利用多 Agent 仿真平台的 NetLogo 仿真了该模型，通过调整环境因素和各类参数，使模型涌现出草原生态系统的各种现象，其仿真结果验证了模型的正确性和可扩展性[128]。陈齐采用粒子群优化 (particle swarm optimization，PSO) 算法对人群疏散进行模拟仿真，避免了当前对人群疏散多采用的基于微观个体的仿真中只针对个体的决策和行为而缺乏群体交互性的弊端，并对原始 PSO 进行合理的修改，使其适应现实中如不可碰障碍物，人群密集处拥堵互相碰撞，速度减慢状况[129]。李艳等基于多主体建模方法，对高校保密项目管理系统中的主要人员，即非直接涉密人员、涉密人员、窃密人员和保密管理人员的行为进行了建模，建立了基于 NetLogo 的高校保密项目管理系统的仿真原型，研究了科研环境和激励对高校保密项目管理系统的影响[130]。颜宇甲等以复杂适应系统理论为指导，利用多 Agent 系统的建模仿真方法，建立生态系统的模型[131]。张炳等首先在分析了权交易系统中企业主体的属性和行为规则的基础上，构建了排污权交易系统模型的结构，然后以江苏省常州市武进区的 63 家企业化学需氧量（chemical oxygen demand，COD）排污权交易为例，开发了基于 NetLogo 的排污权交易仿真模型，分析了交易时间（模型运行次数）和交易成本对区域排污权交易系统的影响[132]。

系统仿真是解决复杂系统问题的一个有效途径，NetLogo 作为众多基于 Agent 的一个仿真平台软件，目前应用于社会研究的各个方面，但是基于 NetLogo 对项目融资的仿真模拟还比较少见，本书将在对 PROT 项目融资各利益相关方项目融资过程中博弈分析的基础上，对主要关键的阶段进行仿真模拟，以期找出其中的规律，促进项目的顺利进行。

9. WSR 系统方法论

张经阳和王松江在 WSR 系统方法论和管理熵理论的基础上，研究了煤矿建设项目安全管理绩效评价的 WSR 关系，建立了基于状态熵、控制熵、行为熵三个维度的安全管理绩效评价指标体系及概念模型。运用 WSR 系统方法论和管理熵集成方法，构建了煤矿建设项目安全管理绩效评价的数学模型，并且进行了案例研究与验证[133]。姬荣斌等从物理、事理、人理三个维度对系统进行分析，并使用 CAT-WOE（customer，actor，transformation，weltanschauung，owner and environmental）软系统方法论界定和辨识油气企业安全生产系统及其所处的环境，建立该系统的 WSR 模型[134]。赵金楼等在 WSR 系统方法论的基础上，从物理、事理、人理三个维度，构建了造船企业节能减排评价指标体系[135]。刘怡君以 WSR 系统方法论作为指导，以多主体建模方法作为主要手段，依托舆论可视化仿真平台，对舆论主体的偏好行为进行了定义，对舆论演化的过程进行了模拟，总结了舆论演化的规律[136]。顾基发等从 WSR 系统方法论的角度去描述上海世博会排队现象，从运筹学中排队论、顾客排队心理学、社会物理的行为动力学和顾客排队行为分析及系统科学中自组织现象等去分析上海世博会上排队现象[137]。

WSR 系统方法论是中国著名系统科学专家朱志昌博士和顾基发教授于 1994 年在英国 Hull（赫尔）大学首次提出的。它不仅是一种方法论，也是解决复杂问题的一种工具。在分析和观察问题时，尤其是对带复杂特性的系统进行观察分析时，WSR 系统方法论体现了其独特性，即不仅具有中国传统的哲学思辨思想，而且是多种方法和理论的综合统一体；根据当时的实际情况，WSR 方法论将方法组群层次化、条理化，起到化繁为简的效果，其属于定量和定性分析综合集成的东方系统方法论。

通过前面对国内外研究现状的分析，目前有关 PROT 项目融资模式的研究主要集中在定性研究或者线性研究方面，然而从动态性和多维性的角度对其进行研究还比较少见，利用熵对其进行研究的也不多见。而 PROT 项目融资模式运行过程实际上是一个动态的过程，涉及的利益相关方比较多，PROT 项目融资模式能否顺利运行，实质上是系统熵变化的一个集中体现。因此，本书将熵理论引入 PROT 项目融资中，通过探讨项目融资熵演进机理，分析系统中熵的变化规律，从熵的角度定量分析 PROT 项目融资模式运行情况，并且借助 NetLogo 仿真软件，对 PROT 项目融资模式综合集成管理模型进行动态仿真模拟。

1.3 本书研究的内容和方法

1.3.1 研究的内容

(1)第 1 章首先论述了本书的选题背景，在分析目前存在问题的基础上，阐述了本书选题的理论意义和现实意义；其次对目前国内外相关的文献进行了论述和分析；最后阐述了本书的研究内容、方法、技术路线及创新点。

(2)第 2 章对本书所涉及的相关理论基础，即项目管理理论、项目融资理论、综合集成管理理论、熵理论、霍尔三维模式、博弈论、系统仿真理论及公共产品理论进行了详细的论述。

(3)第 3 章首先根据目前经营性中小水电项目的实际情况，尝试建立经营性公共基础设施 PROT 项目融资模式，并且建立了 PROT 项目融资模式的框架，最后对 PROT 项目融资模式的使用范围、运作流程、风险管理等进行了阐述。其次为了研究 PROT 和 TOT 的区别与联系，在霍尔三维模式下从时间维、逻辑维和知识维/专业维三个维度进行了比较分析，最后建立了基于 WSR 系统方法论的 PROT 项目融资综合集成评价模型。

(4)第 4 章在第 3 章的基础上，为了使 PROT 项目融资模式能够有效地运行，建立了经营性公共基础设施 PROT 项目融资综合集成管理框架体系。利用系统分解和系统重构理论，建立了 PROT 项目融资综合集成管理的框架体系、运行体系、功能体系、支撑体系等。

(5)为了深入研究 PROT 项目融资综合集成管理模式，第 5 章在分析和界定项目融资熵的基础上，分析了 PROT 项目融资熵演进机理，通过熵的变化来判定项目融资的运行情况。然后借助霍尔三维模式和 WSR 系统方法论建立了 PROT 项目融资熵度量模型，从物理时效熵、人理结构熵和事理要素熵三个维度定量分析项目融资熵的变化，最终统一为项目融资熵，用其来探析 PROT 项目融资运行状况。

（6）第 6 章运用带熵博弈理论，从各利益相关方之间博弈的视角分析 PROT 项目融资模式，着重分析了其购买阶段和运行阶段的博弈问题。建立了 PROT 项目融资多目标非线性规划带熵博弈模型，并利用 Matlab 工具进行求解，为第 7 章的仿真模拟奠定基础。

（7）第 7 章借助多 Agent 技术和方法，建立经营性公共基础设施 PROT 项目融资集成管理仿真模型，对 PROT 项目融资购买阶段和运行阶段进行仿真模拟，从而建立了 PROT 项目融资的动态综合集成管理机制。

（8）第 8 章通过 ABC 水电站项目的案例应用分析，探讨了 ABC 水电站项目目前面临的问题，应用 PROT 项目融资模式的必要性与可行性，并借助经营性公共基础设施 PROT 项目融资熵度量模型和带熵博弈模型进行了初步分析，探讨了 ABC 水电站项目采用 PROT 项目融资模式后熵的变化及各方之间的博弈问题。

（9）第 9 章阐述了本书的结论、研究评价和进一步的研究方向。

1.3.2　研究的方法

1. 理论研究与案例分析相结合

本书对中小水电项目融资问题涉及的项目融资理论、项目区分理论、项目管理理论、系统重构理论及综合集成管理理论等相关理论进行了深入的分析与研究，在理论上研究了中小水电 PROT 项目融资综合集成管理框架体系，利用熵理论揭示了中小水电 PROT 项目融资熵的形成及演变机理，并应用博弈论建立中小水电 PROT 项目融资在购买阶段和经营阶段的博弈模型，最后通过借助 NetLogo 仿真软件，对中小水电 PROT 项目融资进行了仿真模拟。在以上理论分析框架体系和研究模型基础上，本书建立中小水电 PROT 项目融资综合集成管理模型，并构建了中小水电站 PROT 项目融资动态集成管理机制，最后结合云南 ABC 水电站项目的理论研究进行案例分析与研究。通过理论和案例的相结合，使本书的研究结论既能得到理论上的支撑，也能通过实际应用来证明其实用的价值，并且能够进一步应用于具体的项目实践。

2. 定性分析与定量研究相结合

通过实地调研和广泛查阅国内外相关文献资料，细致深入地分析了中小水电站项目融资存在的问题，作者由此提出了本书的研究主题，然后定性地分析了中小水电项目 PROT 项目融资的框架体系及项目融资熵的形成机理，在此基础上应用博弈论的数学建模方法建立了中小水电 PROT 项目融资带熵博弈模型，并进行了相应的定量分析，同时应用案例分析方法对本书所建模型进行实际应用研究。上述研究过程充分体现了定量与定性相结合的特点，并使本书的研究具有较强的说服力。

3. 仿真模拟与实证研究相结合

本书在综合分析中小水电站 PROT 项目融资框架体系的基础上，借助基于多 Agent 的 NetLogo 仿真分析软件，对中小水电站 PROT 项目融资进行了仿真模拟，并结合 ABC 水电项目进行了案例研究，使二者实现有机结合。

1.3.3　研究内容的框架结构

经营性公共基础设施 PROT 项目融资综合集成管理是一个复杂的系统，为了研究的有序开展，本书将按照图 1-1 的框架结构进行研究。

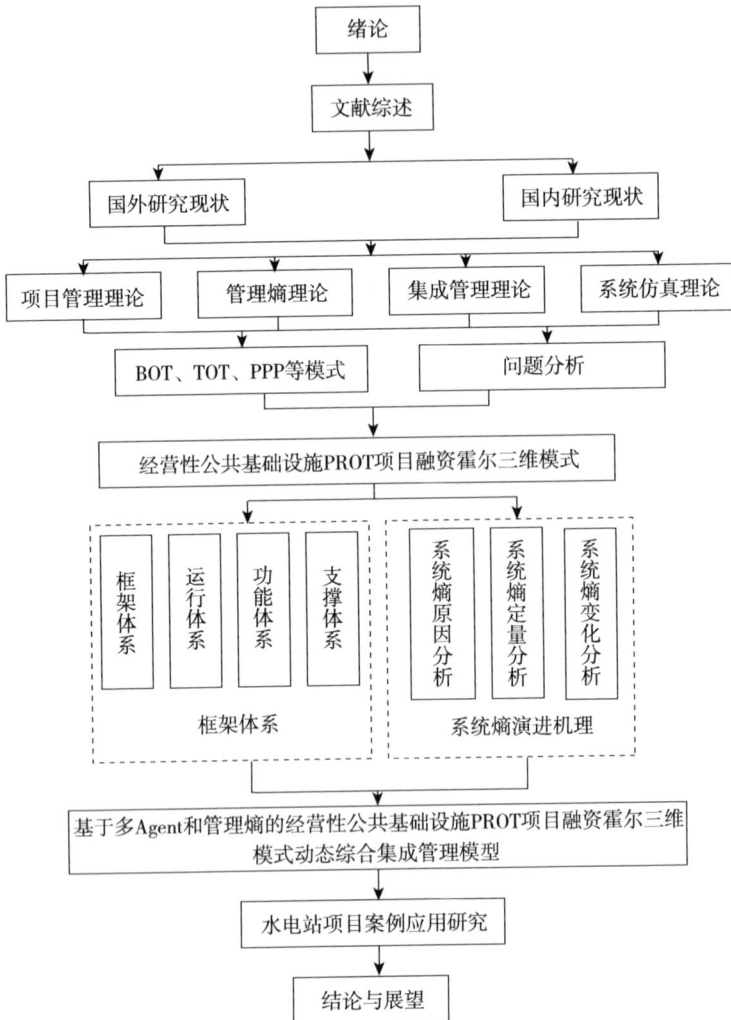

图 1-1　研究内容框架图

1.4　本书研究思路

本书按照发现问题、分析问题、解决问题的总体思路对经营性公共基础设施PROT项目融资综合集成管理进行研究，如图1-2所示。

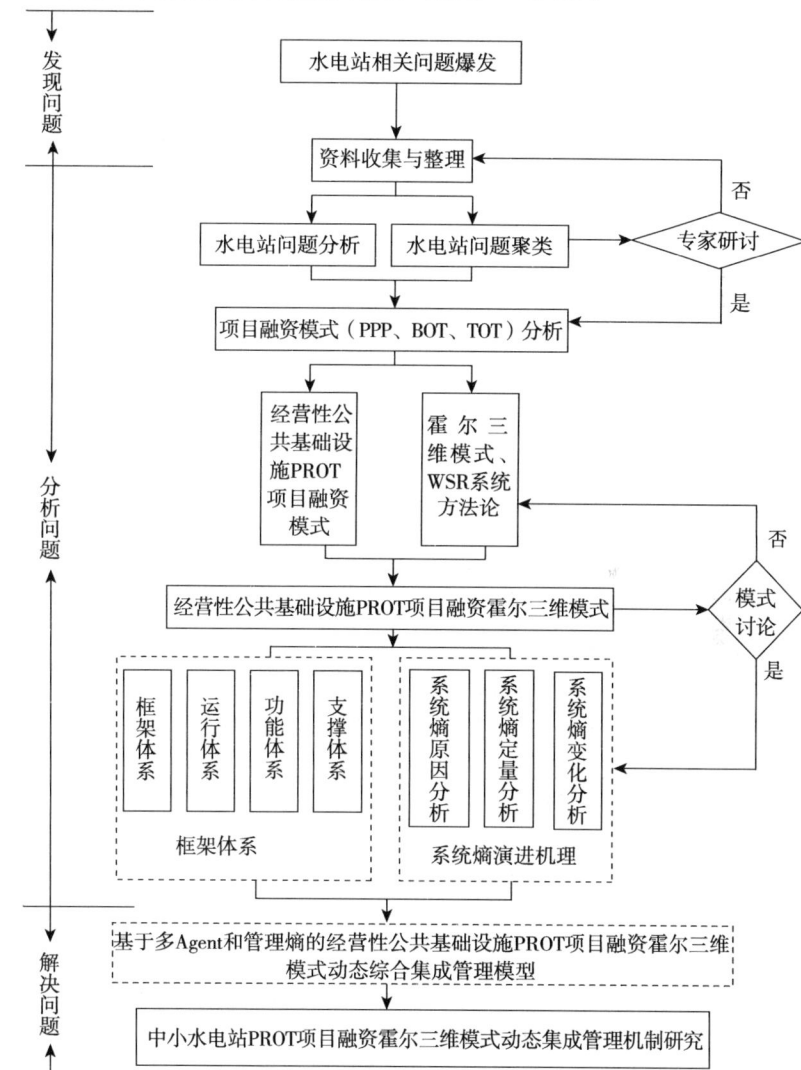

图 1-2　研究技术路线图

1.5　本书研究的创新点

(1)将霍尔三维模型这一系统工程的方法，应用于经营性公共基础设施

PROT 中小水电站项目融资集成管理领域中。因此，在研究立题上具有一定的创新性。

(2)将霍尔三维模型与 WSR 系统方法论的理论、方法和综合集成研究路线结合，研究具有动态性和多维性的经营性公共基础设施 PROT 中小水电站项目融资霍尔三维模式综合集成动态理论和方法体系，为非线性问题的研究进行补充。因此，在研究方法上具有一定的创新性。

(3)将熵理论引入 PROT 项目融资中，探讨了项目融资熵演进机理，建立了 PROT 项目融资带熵博弈模型，并借助多目标非线性规划对其进行了定量分析研究。

(4)构建了中小水电站 PROT 项目融资霍尔三维模式动态集成管理机制。以理论研究的成果为基础，从 PROT 项目融资霍尔三维模式应用方面进行探讨。研究内容将涉及三个维度中各要素的动态管理、动态调整与集成模型，以及如何实现整体最优集成模式构建等。本书将借助多 Agent 技术和方法，建立经营性公共基础设施 PROT 项目融资霍尔三维模式集成管理仿真模型，从而实现 PROT 项目融资霍尔三维模式的动态集成管理。

1.6　本章小结

首先论述了本书的选题背景，在分析目前存在问题的基础上，阐述了本书选题的理论意义和现实意义；其次对目前国内外相关的文献进行了论述和分析；最后阐述了本书的研究内容、方法、思路及研究的创新点。

第 2 章

研究的理论基础

2.1 项目管理理论

项目是一项一次性努力的独特产品或服务。项目管理是一个系统，通过一个临时、灵活的组织，专业的项目管理办法，项目的计划、组织、指挥和控制，来实现动态的项目管理和项目目标的综合。其具有全过程协调和优化的高效率的特点。项目管理过程按照时间顺序，描述了项目管理流程的知识和实践组织及所涉及的九大知识体系等[138]。

项目管理的内涵。项目管理是系统管理方法，特别是通过一个临时、灵活的组织，在有限的资源、思想、方法下运用系统的理论。其是对项目进行有效的规划、组织、指挥和控制的制约，是实现项目从开始立项到项目的总体协调、动态管理、项目目标的全过程优化，是对项目的投资决策管理办法。换句话说，项目管理和项目密切相关。

项目管理的特点。项目管理与传统行业的管理相比，其最大的特点是综合管理，有严格的时间限制。具体来说有以下几个特点：①项目管理的对象是项目或应对项目采取的运作，项目管理的全过程都渗透着这个想法。与特殊性的项目管理组织，机构的项目管理个人责任基于团队的管理不同，项目管理的方式是目标管理。②项目管理的要素是为项目的顺利进行创造和维持一种环境，项目管理拥有先进、开放的方法、工具和手段。③项目管理计划和控制的本质是一种一次性的工作，在规定期限内达到预定的目标，一旦目标得以实现，该项目就失去了它存在的意义。

项目管理的九大知识领域如下。

(1)项目集成管理。项目集成管理也被称为综合管理，综合管理是为了妥善协调项目的所有的各个组成部分，并进行整合各个流程，是一个全面的过程。其核心是多个相互冲突的目标和方案进行权衡，以满足项目各利益相关方的要求。

(2)项目管理的范围。项目范围管理是为了确保项目不仅要完成所有的要求，而且最终要成功地实现自己的目标，但其只完成所需要做的工作。其基本内容是项目列入或不列入的定义和控制的问题包含：启动，范围计划，范围定义，范围核实，范围变更控制。

(3)项目时间管理。项目时间管理描述了各种流程，以确保及时完成所需要的项目，主要子流程是为创建活动定义具体的活动——识别各种项目可交付成果、活动排序、活动历时估算、制定时间表、时间控制。

(4)项目成本管理。项目成本管理，是确保经批准的预算范围内的所有项目可完成所有必要的手续。主要子流程包括资源规划、成本估算和成本预算、成本控制。

(5)项目质量管理。项目质量管理是为了确保项目能满足原设定的各种要求。其主要过程包括质量策划、质量控制、质量保证。

(6)项目人力资源管理。项目人力资源管理，以确保最有效地利用参与项目的个人能力。主要过程包括组织规划和团队建设。

(7)项目沟通管理。项目沟通管理，是建立人、思想和信息之间的链接，这些链接是成功的关键。其主要过程包括沟通规划、信息分发、进展报告和完成工作。

(8)项目风险管理。项目风险管理过程包括识别、不确定性分析、采取措施来应对这些因素。项目风险管理的积极成果应尽量有利于项目，并减少不良事件发生所带来的后果。

(9)项目采购管理。项目采购管理，这个过程是需要的，以便从项目组织外部获取货物或服务。其主要流程包括采购计划、规划咨询、查询、选择源、合同收尾。

■2.2　项目融资理论

(1)项目融资的含义[139]。

由于项目融资的发展仍然没有达到一个成熟稳定的阶段，没有两个项目具有相同的融资结构，项目融资在不同区域的范围是不同的，因此项目融资作为财务条款还没有找到一个确切公认的定义。国外经济学家普遍认为项目融资存在两种观点可以进行理解：一种是指只无追索权的项目融资，或者这就是所谓项目融资的狭义定义，主要流行于北美有限追索权的融资。另一种是指建立用于收购现有项目或融资活动的项目融资，进行现有项目债务重组一个新的项目，这被称为项目融资的广义定义。

我国学者对项目融资的理解也可以分为狭义和广义两种：广义上讲项目融资是指建立一个新项目或现有项目的收购和方式都来自融资活动进行的债务重组，这就是"项目融资"，即任何融资活动的承办项目的开发建设被称为项目融资。狭义上讲是单纯的以项目本身的资产和未来收益为基础的有限追索或无追索权的一种融资方式。

(2)项目融资有其独特的行为特征，主要表现在以下几点：①以项目为导向；②有限追索权(有限追索权)；③风险共担；④基于非企业债务融资；⑤信贷结构灵活；⑥更高的融资成本。

(3)项目融资的主要参与方如下：①项目发起人；②项目公司；③贷款银行；④承办商；⑤经营者；⑥财务顾问；⑦专家；⑧律师；⑨保险公司；⑩国际金融机构；⑪东道国政府。

2.3　综合集成管理理论

1990 年年初，钱学森等第一次把处理开放的复杂巨系统的方法命名为从定性到定量的综合集成方法。1992 年年初，在全面集成定量研究方法的基础上，钱学森提出了"从定性到定量综合集成研讨厅"的思想。从定性到定量的综合集成研讨厅是理论的综合集成法的应用形式。从定性到定量综合集成研讨厅的想法是以人为本、人机结合，使参与讨论这个问题的专家互相启发、互相激活，并充分利用信息技术，不受时间和空间的限制，把很多各种信息和知识(包括经验知识)，并以百万计的人的聪明才智和古人(通过书籍或知识工程专家系统记录)整合所有积分，以获得科学知识和结论的智慧。因此，综合集成研讨厅是以计算机技术的综合集成为一体的高新技术成果，人员和专家小组的核心一起构成了高度智能化人-机结合的系统。概述起来，综合集成研讨厅体系由知识系统、专家系统、机器系统三部分组成。其中，专家系统是本机系统的核心[140]。

总体而言，综合集成研讨厅涉及以下几个方面：复杂巨系统理论，定性与定量综合集成方法及其应用相结合的研究；专家群体行为的规范和有效的互动模式；研究综合讨论架构厅；研究综合技术包括意见综合集成、综合集成仿真模型综合集成、全面的信息集成、知识的综合集成；某些复杂问题为导向的研究研讨会或一些复杂的巨系统的综合集成，综合集成研讨厅的各种应用。

综合集成研讨厅的主要特点如下：①定性和定量研究相结合；②在整个过程中，科学理论和经验知识进行组合；③应用系统思维进行全面的多学科研究的结合；④根据复杂巨系统，宏观研究与微观研究相结合的层次结构；⑤必须有一个大的计算机系统不仅要支持管理信息系统、决策支持系统等，还要全面支持集成能力。综合集成方法探索和研究开放的复杂巨系统的应用，开辟了一个新的科学领域，这在理论和实践上具有重大战略意义。

　　基础设施项目由于涉及的人员与利益关系非常复杂繁多，因此对于该项目出现的问题需要依靠由多个领域专家所组成的专家群体的经验和常识才能把问题结构化、定量化，从而转化为其他决策支持系统可以处理的问题。对于重大且影响项目顺利运营的问题可以成立重大问题决策咨询中心，吸纳相关领域的群体专家，借助计算机技术和相关领域知识，充分发挥专家的集体智慧，即利用综合集成研讨厅体系实现决策的综合集成，从而使基础设施能够顺利实施。

■ 2.4　熵理论

　　熵指的是体系的混乱程度，它在控制论、概率论、数论、天体物理、生命科学等领域都有重要应用，在不同的学科中也可引申出更为具体的定义，是各领域十分重要的参量。熵由鲁道夫·克劳修斯（Rudolf Clausius）提出，并应用在热力学中。后来，克劳德·艾尔伍德·香农（Claude Elwood Shannon）第一次将熵的概念引入信息论中[141]。

　　耗散结构是普里高津在研究不违反热力学第二定律时，如何应用在生命系统的一个新概念时提出的。什么是耗散结构呢？简单来说，包含多层次的开放系统的多个组件，在变化的外部条件达到一定阈值时，波动触发，量变产生质变，系统通过物质和能量，负熵流不断与外面的世界交流，有可能从原来的无序状态变为有序状态的时间、空间或功能，根据非平衡形成的这种新有序结构就是耗散结构。

　　耗散结构理论可概括如下：一个非线性的开放系统远离平衡态（无论是物理、化学、生物乃至社会、经济制度），通过物质和能量与外部世界进行不断地交流，当内部系统出现变动参数达到一定的阈值时，通过波动，系统可能会发生变异，从原来的非平衡态变为近平衡态。这个新的稳定平衡远离非线性区域的宏观有序结构，由于需要，以维持不断交换物质或能量与外部世界。可见，了解耗散结构理论的关键是要弄清楚如下几个概念，即远离平衡态、非线性、开放系统、涨落、突变。

　　耗散结构是在远离平衡区、非线性的开放系统中所产生的一种稳定的自组织结构，由于存在非线性的正反馈相互作用，能够使系统的各要素之间产生协调动作和相干效应，使系统从杂乱无章变得井然有序。

2.5　霍尔三维模式

霍尔三维结构又称霍尔的系统工程，后人将其与软系统方法论对比，称之为硬系统方法论(hard system methodology，HSM)。这是美国系统工程专家霍尔于 1969 年提出的一种系统工程方法论[51]。

霍尔三维结构是立体的，整个事件系统工程过程的结构分为七个阶段和七个步骤，同时还要考虑为完成这些阶段和步骤的各种专业知识和技能。在时间维、逻辑维和知识维/专业维形成的三维结构中，时间维是指从开始到结束整个过程的时间顺序，分为策划、程序开发、研究、生产、安装、操作、更新。逻辑维是指在时间维度下进行和思维过程中应遵循明确问题、确定目标、系统集成、系统的分析、优化、决策、实施的七个逻辑步骤。知识维/专业维列举了需要用到的知识层面，包括工程、医学、建筑、商业、法律、管理、社会科学、艺术，以及其他各种知识和技能。三维结构生动地描述了系统工程研究的框架，无论是在哪个维度都可以进一步扩展，形成一个层次结构性系统。

2.6　博弈论

博弈论(game theory)，又称"对策论"或"赛局理论"，是应用数学的一个分支。目前博弈论已经成为经济学中进行标准分析的工具之一。在国际关系、计算机科学、生物学、政治学、军事战略、经济学和其他很多学科中都有十分广泛的运用。博弈论主要研究公式化激励结构之间的相互作用。其是研究具有斗争或竞争性现象的一种数学理论和方法，也是运筹学的一个重要学科。博弈论首先考虑博弈中个体的预测行为及实际行为，并研究它们之间的优化策略[142]。

(1)决策者：在博弈中首先做出决策的一方，这一方经常根据自身的感受、经验及表面状态优先采用一种有方向性的行动。

(2)博弈者：在博弈二人对局中行动靠后的那个人，与决策者要做出基本反面的决定，而且他的动作是滞后、被动、默认的，但往往最终占优。他的策略可能依赖于决策人劣势的策略选择，因此对抗是唯一占优的方式，实为领导人的阶段性终结行为。

(3)局中人(players)：在一场竞赛或博弈中，每一个有决策权的参与者都可成为一个局中人。只有两个局中人的博弈现象称为"两人博弈"，而多于两个局中人的博弈现象称为"多人博弈"。

(4)策略(strategies)：一局博弈中，每个局中人都可选择实际可行的完整行动方案，即方案不是某阶段的行动方案，而是指导整个行动的一个方案。一个局中人自始至终全局筹划的一个可行行动方案，称为这个局中人的一个策略。如果在一个博弈中局中人总共有有限个策略，则称为"有限博弈"，否则称为"无限博弈"。

（5）得失（payoffs）：一局博弈结局时的结果称为得失。每个局中人在一局博弈结束时的得失，不仅与该局中人自身所选择的策略也有关，而且与全局中人所取定的一组策略也有关。所以，一局博弈结束时每个局中人的得失是全体局中人所取定的一组策略的函数，通常称为支付（payoff）函数。

（6）次序（orders）：各博弈方的决策有先后之分，且一个博弈方要做不止一次的决策选择，这就出现了次序问题。其他要素相同次序不同，则博弈就不同。

（7）博弈涉及均衡：均衡是平衡的意思，在经济学中，均衡意即相关量处于稳定值。在供求关系中，某一商品市场如果在某一价格下，想以此价格买此商品的人均能买到，而想卖的人均能卖出，此时我们就说，该商品的供求达到了均衡。所谓纳什均衡，它是一稳定的博弈结果。

2.7 系统仿真理论

一个完整的科学体系是在其形成的过程中不断认识客观世界的。它包括这个科学工具技术和科学活动的基本理论的形成。仿真开始超越还原论的范围，直到今天，研究基于复杂系统仿真更符合一般系统理论研究示范的范畴。使用该系统的一般性质和数学模型的定量描述一般系统理论，试图用一系列新的思路和方法来描述系统的各种性能，该系统具有动态特性。仿真模型是数学模型的物理结构和实际的系统操作，以反映该载体的行为在模拟中的特性（它可以是一台计算机或其他形式的仿真装置）。这样的活动可以归结为建模、仿真、评估这三个组成部分的仿真。主要处理模拟实际系统和模型之间的关系问题，模拟仿真主要考虑的载体和模型之间的关系，评估、验证了仿真结果的可信度。因此，我们可以总结得到系统仿真的基本理论：仿真模型理论，方法论和科学方法，评估理论[143]。

2.8 公共产品理论

根据公共经济学理论，社会产品分为公共产品和私人产品。按照萨缪尔森在《公共支出的纯理论》中的定义，纯粹的公共产品或劳务是这样的产品或劳务，即每个人消费这种物品或劳务不会导致别人对该种产品或劳务的减少[144]。公共和私人产品或服务有显著不同的产品或三个特点服务，即效用的不可分割性、消费的非竞争性、有利于消费者的非排他性。而凡是可以由个别消费者所占有和享用，具有敌对性、排他性和可分性的产品就是私人产品。介于二者之间的产品称为准公共产品，中小水电项目属于经营性准公共产品。

2.9　本章小结

本章对本书所涉及的相关理论基础包括项目管理理论、项目区分理论、项目融资理论、综合集成管理理论、熵理论、霍尔三维模式、博弈论及系统仿真理论进行了详细的论述。

第 3 章

经营性公共基础设施 PROT 项目融资模式研究

3.1 PROT 项目融资模式

3.1.1 PROT 项目融资模式定义

在王松江教授提出的 PROT 项目融资概念的基础上，结合中小水电站项目的特点，本节给出 PROT 项目融资模式概念如下。

PROT 即购买-重建-经营-转让，是在 TOT、BOT、PPP、BT 等项目融资模式的基础上，针对经营性中小水电项目融资提出的创新模式。PROT 项目融资模式的定义为中小水电站业主授权实力雄厚的社会投资者购买建成并投入运营中小水电站的所有权或经营权后，社会投资者再投入各种资源进行一系列升级改造和管理重组，使中小水电站重新以更高的效率、更低的成本、更多的功能和更大的社会经济效益投入运行。然后在中小水电站效率、效益、管理和可持续发展全面升级后，社会投资者可以将其所有权或经营权有偿转让给其他社会投资者继续经营，也可以其继续经营[105]。

3.1.2 PROT 项目融资模式框架

PROT 项目融资模式框架如图 3-1 所示。

3.1.3 PROT 项目融资模式适用范围

PROT 项目融资模式是在常见的 BOT、TOT、PPP 等项目融资模式的基础上，根据现实社会项目融资的需要发展而演变过来的一种新型融资模式。这种模

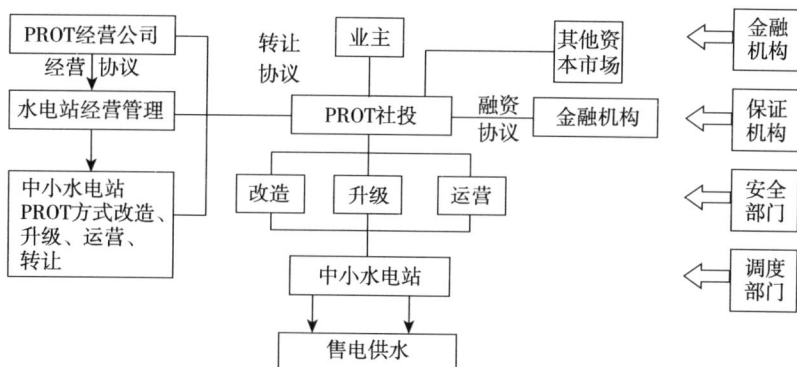

图 3-1　中小水电站 PROT 项目融资模式定义图

式的主要特点是国有企业或者私有企业对社会上有关国计民生的经营性公共基础设施项目（目前经营不善的）进行收购、重组从而使其发挥更大的作用，产生更多的效益，更有利于发挥其基础性作用。结合王松江教授研究团队的相关研究成果，本书认为 PROT 项目融资模式主要适合于中小水电站项目、中小煤矿项目、经营不善的高速公路项目等。

3.1.4　PROT 项目融资模式运作流程

PROT 项目融资模式的运作流程是在结合其概念和内涵的基础上，经过实地走访相关中小水电项目企业，采用综合集成研讨厅的方式，根据中小水电项目运作过程中的实际情况综合汇总得到的，如图 3-2 所示。

3.1.5　PROT 项目融资模式的资产转让管理

PROT 项目融资模式的资产转让流程是在经过实地走访相关中小水电项目企业，采用综合集成研讨厅的方式，根据中小水电项目融资运作过程中的实际情况综合汇总得到的，其也是 PROT 项目融资模式整个运作流程的第一部分，如图 3-3 所示。

PROT 项目融资的资产转让是 PROT 项目融资模式的第一步流程，这关系到项目融资流程的后面三个步骤的实施。

首先，要选择好的资产评价机构保证特许经营权的转让公平公正地进行，过高的转让价格会使社会投资者在以后的经营管理中由于成本的压力而采用极端的手段致使项目不能可持续地运行下去；过低的转让价格使原来业主的投资得不到有效的回报，从而打击其继续投资公共基础设施建设的积极性，不利于国家利用

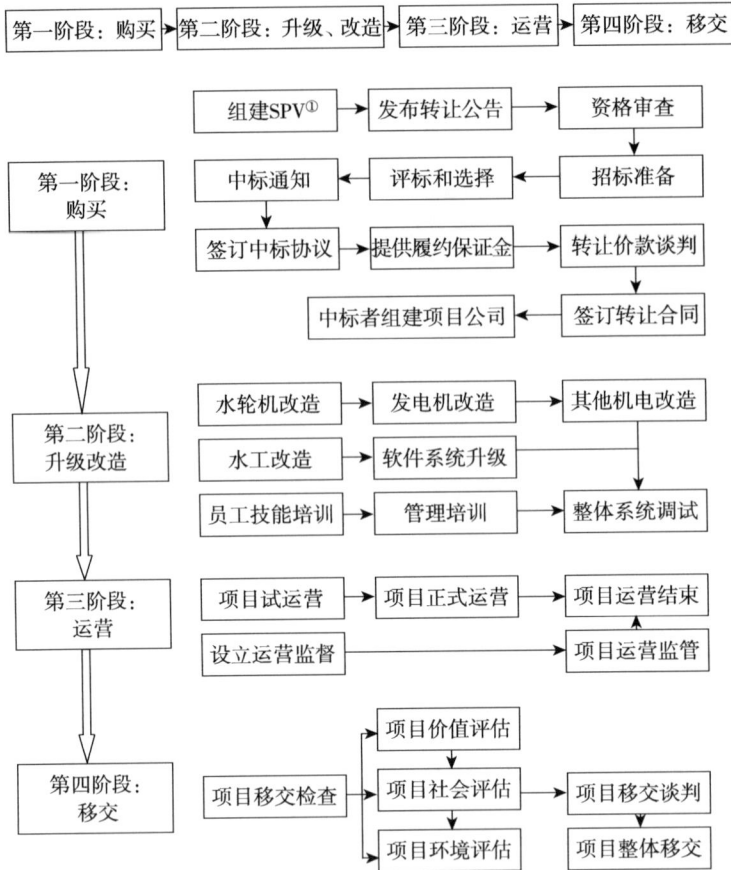

图 3-2　PROT 项目融资模式流程图

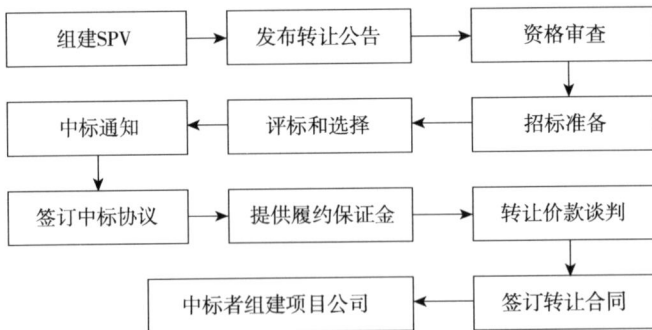

图 3-3　PROT 项目融资模式的资产转让过程示意图

---

① SPV: special purpose vehicle，即特殊目的载体。

民间资本来促进公共基础设施不断得到完善的目标，特别是在中西部地区，资金极度缺乏，大量的公共基础设施急需进行投资建设。

其次，政府要积极搭建适应 PROT 项目融资模式的平台。在资产转让过程中政府应做好监督管理工作，促进转让的公平公正。

最后，政府在政策上要给予一定的倾斜，保证社会投资者收购这些运转不良的公共基础设施以后能够得到合理的回报，同时又能保证其实现可持续发展。

3.1.6　PROT 项目融资模式的升级改造管理

运营不善的公共基础设施进行再融资的目的就是实现其良性发展，继续有效地为公众服务，而升级改造是其重要的技术支撑和有效保障，其是 PROT 项目融资模式的第二步流程。

升级改造管理包括公共基础设施软件系统升级和硬件的改造，同时也要做好信息平台的搭建，保证信息的畅通，如图 3-4 所示。

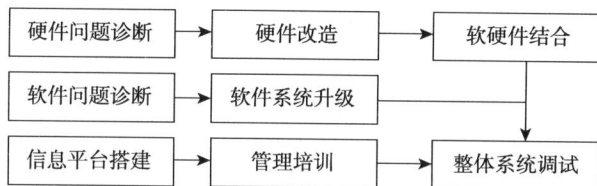

图 3-4　PROT 项目融资模式的升级改造管理

3.1.7　PROT 项目融资模式的运营管理

PROT 项目融资模式的运营管理流程是在经过实地走访相关中小水电项目企业，采用综合集成研讨厅的方式，根据中小水电项目融资运作过程中的实际情况综合汇总得到的，其也是 PROT 项目融资整个运作流程的第三部分。

PROT 项目融资模式的运营管理是一个极其漫长的过程，在这个过程中要处理各种关系，如其和公众、政府、供应商、生态的关系等，同时还要做好项目经营，实现项目的目标，如图 3-5 所示。

3.1.8　PROT 项目融资模式的移交管理

PROT 项目融资模式的移交流程是在经过实地走访相关中小水电项目企业，采用综合集成研讨厅的方式，根据中小水电项目融资运作过程中的实际情况综合汇总得到的，其也是 PROT 项目融资模式整个运作流程的最后一个部分。当然，中小水电站融资具体实施过程中，可以根据项目的实际情况来决定是否进行移交，也可以由运营方继续运营。

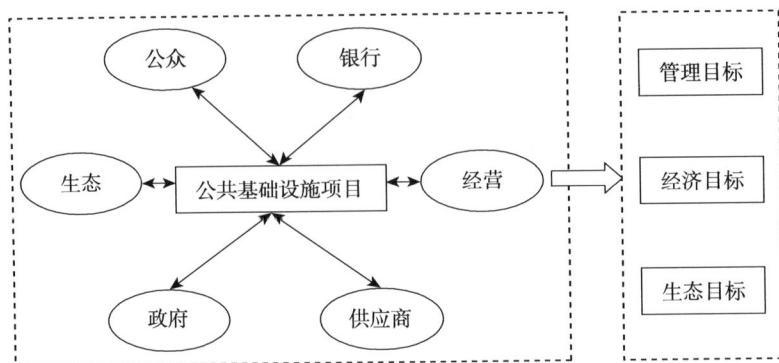

图 3-5　PROT 项目融资模式的运营管理示意图

PROT 项目融资模式对公共基础设施的经营管理随着原来特许经营期或者转让合同约定的结束而结束，而移交管理可对保证公共基础设施的完好性、可持续性具有很好的作用。移交是要在政府的监督管理下，引进第三方机构进行移交管理，保证公共基础设施的有效移交，如图 3-6 所示。

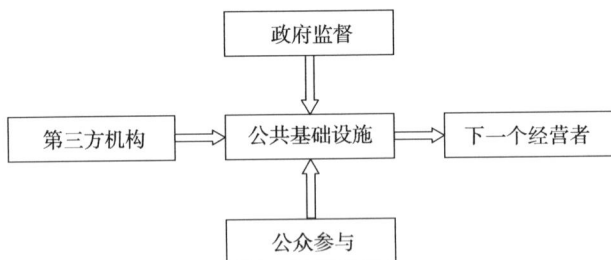

图 3-6　PROT 项目融资模式的移交管理示意图

3.1.9　PROT 项目融资模式的风险管理

PROT 项目融资模式的风险贯穿于项目融资的整个过程，即在每一个阶段都存在风险，并且风险的种类和大小表现不尽相同。因此，PROT 项目融资模式要采用风险识别、风险分析、风险评价、风险控制的管理流程，如图 3-7 所示。

经过流程的风险管理每一个步骤将提升一次，但是前面的风险管理如果不透彻、不到位，将严重影响下一步的风险管理，并且大大增加其风险。这就像楼梯一样越爬越高，但也越危险。

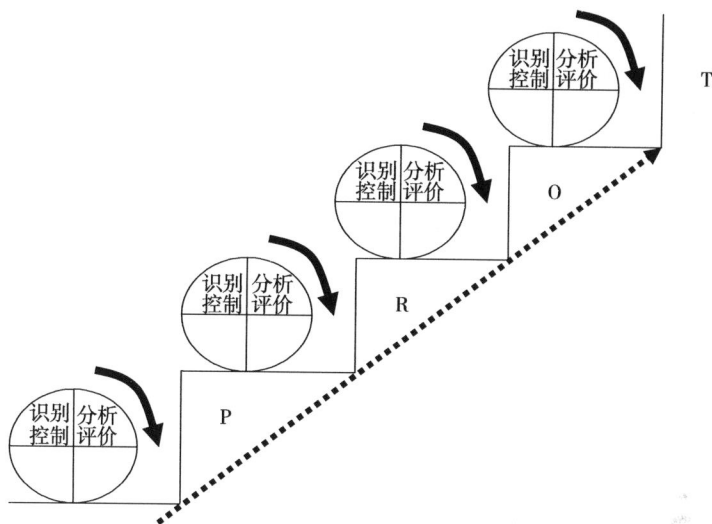

图 3-7　PROT 项目融资模式的风险管理示意图

■ 3.2　基于霍尔三维模式的经营性中小水电站 PROT 和 TOT 项目融资比较研究

3.2.1　基于霍尔三维模式时间维度下的比较研究

1. 宏观视角分析

在宏观视角下，PROT 和 TOT 项目融资模式都是经历了公私合作协议、公私合作实施及公私合作的深化或者新一轮合作的进行三个大的阶段。二者在宏观视角下，时间维度方面是相同的，都是从一个生命周期的开始到结束甚至进入下一个生命周期[47]，如图 3-8 所示。

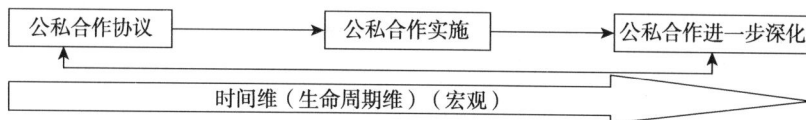

图 3-8　经营性中小水电站宏观视角下的时间维

2. 微观视角分析

在微观视角下，PROT 和 TOT 项目融资模式具有明显的不同：①PROT 是从购买到升级改造再到运营最后到移交的过程；②TOT 是从移交到运营再到移交的过程。一般 PROT 时间周期相对较长，而 TOT 时间周期则相对较短，如

图 3-9所示。

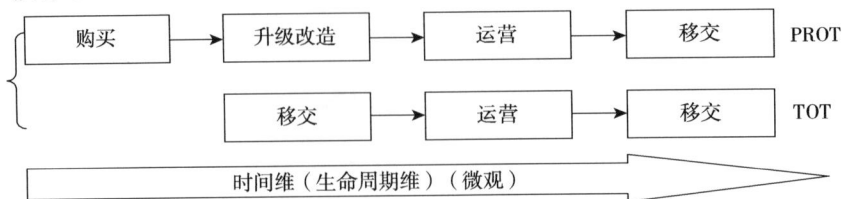

图 3-9　经营性中小水电站微观视角下的时间维

3.2.2　基于霍尔三维模式知识维度下的比较研究

1. 宏观视角分析

在宏观视角下，PROT 和 TOT 项目融资模式都需要系统理论、工程知识、项目管理知识、投融资知识、法律法规知识等，二者在宏观角度下是相同的。

2. 微观视角分析

(1)作为三维中的知识维，中小水电站 PROT 项目融资模式将主要研究以下几方面：购买(P)中小水电站所有权或经营权的相关的理论和方法体系；中小水电站硬件和投融资、经营管理升级改造(R)的理论和方法体系；中小水电站运营管理(O)的理论和方法体系；中小水电站移交或继续经营(T)的理论和方法体系；中小水电站投融资、经营管理全过程面临的各类风险管控理论和方法体系。

(2)TOT 项目融资模式主要研究和利用：项目的资产转让时的价值评估(T)；中小水电站项目运营管理(O)的理论和方法体系；中小水电站移交(T)的理论和方法体系。

3.2.3　基于霍尔三维模式逻辑维度下的比较研究

1. 宏观视角分析

PROT 和 TOT 项目融资模式二者在宏观角度下，逻辑维的研究基本上是一样的，具有相同性。

2. 微观视角分析

PROT 和 TOT 项目融资模式在微观视角下研究也基本一样，具有相同性。中小水电站 PROT 和 TOT 项目融资模式逻辑维度下主要从"人理系统""事理系统""物理系统"三个层面进行研究。"人理系统"主要研究中小水电站各利益相关方关系、角色的定位、行为规范，各利益相关方的关系和作用将随着中小水电站项目的推进而发生动态变化。"事理系统"主要研究中小水电站特许经营权、所有权等随中小水电站项目阶段会发生结构性变化的规律。"物理系统"主要研究中小水电站区域自然-经济-社会资源条件的动态变化对中小水电站项目收益的影响规律。

3.2.4　基于霍尔三维模式的集成比较研究

PROT 和 TOT 项目融资模式在霍尔三维模式下的集成比较研究可以用图 3-10 来集中表示。TOT 项目融资模式部分涵盖在 PROT 项目融资模式之中，但又不完全相同，说明二者的研究边界具有一定的重合性，却也具有一定的不同性。由于外界环境在不断地发生变化，当边界条件发生巨大变化时，则项目融资的模式就会发生相应的变化，即由一种模式变化到另外一种模式，或者对现有模式进行变革或改进。其实，PROT 项目融资模式就是在基本的 BOT、TOT 等项目融资模式的基础上，根据项目所处外界条件的变化而形成的一种新的项目融资模式，如图 3-10 所示。

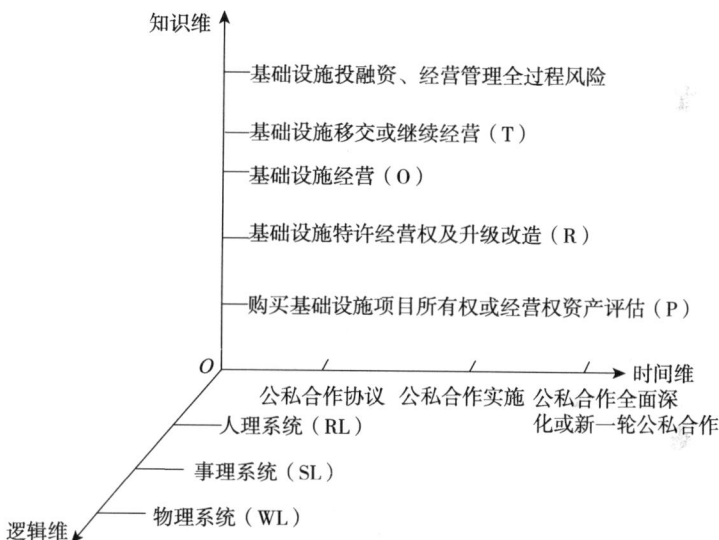

图 3-10　经营性中小水电站基于霍尔三维模式下的 PROT 和 TOT 项目融资模式

3.2.5　基于霍尔三维模式 PROT 和 TOT 项目融资模式路径选择的数学集成表达

中小水电站项目融资模式的选择和应用一切均取决于外界条件的变化，当外界边界条件的变化适宜 BOT 项目融资模式时，我们将倾向于采用 BOT 项目融资模式；当外界边界条件变化适应 TOT 项目融资模式时，就应首选 TOT 模式；依次类推。

于是，我们就可以借助霍尔三维模式将这一变化过程用更加形象化的数学公式进行逻辑表达。任何项目都是按照时间的先后顺序进行推进的，我们以时间维为基准，在"人理系统""事理系统""物理系统"这一逻辑维和知识维组成的二维框架下，不论是"好问题——成功经验"、"中性问题——不明确的影响"，还是"坏问题——失败原因"都可以标识到每一时间维下，如此对所有问题进行归类和累计求和，就可以判断出项目的重点问题出现在哪些方面。

如果用 $T=(t_1, t_2, t_3, \cdots, t_m)$ 表示时间维下的时间（段），每一个利益相关方在逻辑维 $L=(l_1, l_2, l_3, \cdots, l_i)$ 和知识维 $K=(k_1, k_2, k_3, \cdots, k_n)$ 的作用下，对出现的问题进行评价。于是，$E=f(T, L, K)$。假定，如果 E 低于规定变化值（暂定为 60），就采用新的项目融资模式或者对现有模式进行重组改进。

某一经营性中小水电站项目 A 位于金沙江下段水系上游，项目前期采用 BOT 项目融资模式进行运营，但项目经营 3 年后出现了效益下滑等问题，已经无法继续很好地运营下去。此时，运用 $E=f(T, L, K)$ 进行分析，经过专家综合评判打分得到 $E=52<60$，故应该采用新的、更有效适宜的或者改进后的项目融资模式，如 PROT 项目融资模式，来保证项目 A 继续顺利地运营下去。

本书在比较研究 PROT 和 TOT 项目融资模式的基础上，借助霍尔三维模型这一有效工具，将二者的异同点统一容纳在时间维、知识维/专业维、逻辑维这三个维度之下，并从宏观、微观两种视角进行了比较分析，从而得出如下结论：对于中小水电站项目来说，随着外界环境条件的不断变化，项目的边界也在不断地改变，原先的融资模式已经不能适应实际情况，应该对项目进行重新定位分析，采用新的融资模式。为了便于把握边界条件的变化情况，判断项目边界如何发生"不可容忍"的变化，本书给出了一个逻辑函数表达式，从而实现对项目边界的有效判断，促进中小水电站项目能够有序地进行下去，并且促进经济的快速发展。本书只给出了粗略的逻辑函数表达式，应进一步研究下去。

■3.3　基于 WSR 系统方法论的 PROT 项目融资的综合集成评价

3.3.1　WSR 系统方法论介绍

WSR 系统方法论是我国学者顾基发与朱志昌共同提出的一种东方系统方法论，迄今已在管理科学、系统科学等诸多领域得到了初步应用，同时也得到了专家学者的高度认可[145]，如图 3-11 所示。

按照该方法论思想可知，一个好的领导应该懂物理、明事理和通人理，一个好的自然科学工作者应该通物理、明事理和懂人理，一个好的系统工作者应该明物理、通事理和懂人理[145]。简言之，其基本内容中，物理强调事物的基本运动规律、机理，研究事物的客观实在性。事理是指运用系统工程、管理科学、运筹学等科学知识解决如何做好事的道理。人理是指通过考虑人的因素，运用人文社科知识做好事情的道理[146,147]。

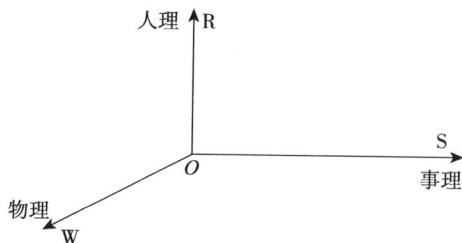

图 3-11　WSR 系统方法论的三维系统结构图

由于 WSR 系统方法论能综合考虑复杂事物各种内在的机理因素，其为处理复杂系统问题提出了一种全新的思路与方法。

（1）WSR 系统方法论是研究复杂系统的一种方法论，PROT 项目融资也是一个复杂的系统，二者在方法研究上都具有实用性。

（2）WSR 系统方法论是研究复杂系统的物理、事理、人理的三个方面，而PROT 项目融资模式也是涉及项目融资的怎么做、如何做、由谁做的过程。二者在研究内容上也具有契合性。

（3）WSR 系统方法论是将系统分为物理、事理、人理三个方面进行分析，然后再进行综合研究，PROT 项目融资综合集成管理也是对系统先分解再重构的一个过程，二者在研究过程上具有相似性。

基于以上三点，本书将 WSR 系统方法论运用在 PROT 项目融资综合集成管理研究是科学合理、可行的。

3.3.2　基于 WSR 系统方法论的 PROT 项目融资的综合集成评价模型

针对经营性中小水电站 PROT 项目融资这样随时间变化（"历史""现在""将来"）并兼顾 WSR 系统方法论中"人理系统""事理系统""物理系统"的综合评价问题，作者提出了一个集人理、事理、物理为一体的新三维综合集成评价方法。

根据王松江教授研究团队对中国水电站项目的案例调研分析可知，经营性中小水电站 PROT 项目在运行过程中易出现以下 11 类问题，即缺乏科学规划、资源浪费、上网电价不合理、电力消纳不公平、效益下滑、工程质量低劣、不经验收和安全鉴定就投入运行、缺乏管理经验、威胁防洪安全、对生态环境造成影响、给国家和人民群众生命财产造成重大损失这些投融资及经营管理上的问题。这些问题的出现极大地阻碍了 PROT 项目的有效运营，为了解决这些问题，我们将其进行聚类分析，并通过 WSR 系统方法论的"人理系统""事理系统""物理系统"将这 11 类问题归纳为 3 大类，如图 3-12 所示。

水电站项目运营的周期比较长，随着外界环境的变化，这 11 类问题随时间会进行不断的变化，并且致使这些问题在不同阶段的重要性也发生变化。限于本

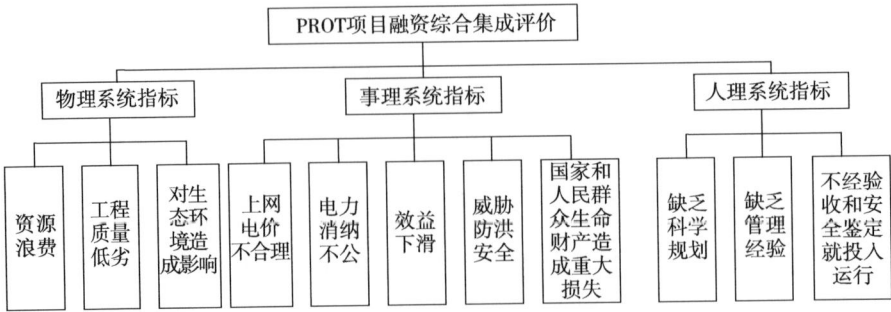

图 3-12 基于 WSR 系统方法论的中小水电站 PROT 项目融资综合集成评价指标体系

书篇幅，作者以这 11 类问题中的"缺乏科学规划"指标为例进行了简要阐述。这一类指标在项目运营初期(也就是正在运营项目的"历史")非常重要，规划的科学与否直接关系到项目的后期发展。一个好的、科学的项目规划可以有效地节约成本、提高工程质量及保证项目后期运营的有效性。在项目的运营中期(也就是项目的"现在")，直至项目的后期(也就是项目的"将来")，这一类指标的重要性逐渐降低。

对项目在不同阶段的评价是难点问题，通过实地调研和进行专家咨询，本书给出项目不同阶段评价值的参考取值标准，如表 3-1 所示。

表 3-1 项目评价指标参考标准值

评价指标	缺乏科学规划			资源浪费			上网电价不合理		
所处阶段	历史	现在	将来	历史	现在	将来	历史	现在	将来
影响非常小	2	1	0	1	1	1	1	1	2
影响很小	4	3	2	3	3	3	3	3	4
影响一般	6	5	4	5	5	5	5	5	6
影响较大	8	7	6	7	7	7	7	7	8
影响非常大	10	9	8	9	9	9	9	9	10

评价指标	效益下滑			工程质量低劣			不经验收投入运行			缺乏管理经验		
所处阶段	历史	现在	将来	历史	现在	将来	历史	现在	将来	历史	现在	将来
影响非常小	1	2	2	1	2	2	0	1	2	1	1	1
影响很小	3	4	4	3	4	4	0	3	4	3	3	3
影响一般	5	6	6	5	6	6	0	5	6	5	5	5
影响较大	7	8	8	7	8	8	0	7	8	7	7	7
影响非常大	9	10	10	9	10	10	0	9	10	9	9	9

续表

评价指标	威胁防洪安全			对生态环境造成影响			造成重大损失			电力消纳不公平		
所处阶段	历史	现在	将来	历史	现在	将来	历史	现在	将来	历史	现在	将来
影响非常小	2	1	1	1	1	2	1	1	1	1	2	1
影响很小	4	3	3	3	3	4	3	3	3	3	4	3
影响一般	6	5	5	5	5	6	5	5	5	5	6	5
影响较大	8	7	7	7	7	8	7	7	7	7	8	7
影响非常大	10	9	9	9	9	10	9	9	9	9	10	9

因此，我们可以建立基于霍尔三维模式的经营性中小水电站 PROT 项目融资评价模型。

根据被评价对象的实际情况及评价目的，选定 m 项评价指标分别记为 x_1，x_2，$\cdots$，x_m，根据评价指标 x_i 的作用大小，赋予一个相应的基础分 $h_i(i=1$，2，$\cdots$，m)。假设已取得评价指标的原始数据 $\{x_{ij}\}(i=1$，2，$\cdots$，n；$j=1$，2，$\cdots$，m)，将其作为以下讨论的基础。

为对 s_i 进行"历史""现在""将来"三个不同时段的综合评价，就要建立相应时段的评价指标体系[148]。

通常，在每一时段上应采用不同的评价指标，依次记为 x_1，x_2，$\cdots$，x_{mk}（$k=1$，2，3），因此，有 $\{r_{ij}\}(i=1$，2，$\cdots$，n；$j=1$，2，$\cdots$，m_k；$k=1$，2，3)。

（1）对 s_i 关于"历史"的评价。

在时间区间 $[k_0$，$k_{0+T-1}]$ 上，设定动态综合评价函数为

$$u_i(k)=\sum_{j=1}^{m_1}w_j(k)r_{ij}(k)，\quad k=k_0，k_{0+1}，\cdots，k_{0+T-1} \tag{3-1}$$

其中，$w_j(k)$ 为权重函数，对任意的 k，有 $w_j(k)\geqslant0$，$\sum w_j(k)=1$；$u_i(k)$ 为 s_i 在 k 时刻经营状况或经营业绩的综合评价值，$r_{ij}(k)$ 为 s_i 在 k 时刻关于评价指标 x_j 的测评值，T 为已知正整数。

系统 s_i 在时间区间 $[k_0$，$k_{0+T-1}]$ 上的整体经营水平可由

$$y_i^{(1)}=\sum_{k=k_0}^{k_{0+T-1}}\sum_{j=1}^{m_1}w_j(k)r_{ij}(k)，\quad i=1，2，\cdots，n \tag{3-2}$$

来表示。

（2）对 s_i 关于"现在"的评价。

对一定的表示"现状"整时刻 T，为了尽可能地将 n 个系统 s_1，s_2，$\cdots$，s_n 的经营现状区分开来，可用"拉开档次梯度"法确定权重系数 μ_j，则 s_i 在时刻 $k=T$ 处的"现状"可用

$$y_i^{(2)} = \sum_{j=1}^{m_2} \mu_j r_{ij}(T), \quad i = 1, 2, \cdots, n \tag{3-3}$$

表示。

(3)对 s_i 关于"将来"的评价。

设 N 为恰当的已知常数，在时间区间 $(T, T+N)$ 内，若能获得 s_i 关于评价指标 x_j 的预期平均值 $\overline{r}_{ij}$ 或 $\overline{r}_{ij}$ $(j=1, 2, \cdots, m_3)$，这时 s_i 的将来发展态势可用式(3-5)来表示。

$$y_i^{(3)} = \sum_{j=1}^{m_3} \rho_j \overline{r}_{ij}, \quad i = 1, 2, \cdots, n \tag{3-4}$$

其中，ρ_j 为相应的权重系数(ρ_j 可能与 μ_j 不同)。

(4)对 s_i 的三维综合集成评价。

系统 s_i 集"历史""现在""将来"为一体的立体综合评价值可用式(3-5)给出。

$$y_i = \sum_{j=1}^{3} \lambda_j (y_i^{(j)} - y^{*(j)})^2, \quad i = 1, 2, \cdots, n \tag{3-5}$$

其中，$y^{*(j)}$ 为 $y_i^{(j)}$ 的(已知)理想值，或取 $y^{*(j)} = \max\limits_{1 \leqslant i \leqslant n} y_i^{(j)}$ $(j=1, 2, 3)$；λ_1，λ_2，λ_3 为事先给定的权重系数。

这时，依 y_i 的值由小到大进行排序，从而达到对 n 个系统 s_1，s_2，$\cdots$，s_n 进行三维综合评价的目的。

3.3.3　实例应用

现有 A、B、C、D 四个中小水电站项目采用了项目融资的方式进行运营，在项目进行运营到 2011 年的时候出现了问题，导致项目无法有效地运营下去。现在采用基于 WSR 系统方法论的综合集成评价方法对这三个融资项目进行评价。

本书通过专家打分法，结合项目不同阶段评价值的参考取值标准邀请 10 名专家对项目所涉及的 3 大类 11 项指标的过去情况、现在情况、将来情况进行打分测评，得到指标 x_{w1}，x_{w2}，x_{w3}；x_{s1}，x_{s2}，x_{s3}，x_{s4}，x_{s5}；x_{r1}，x_{r2}，x_{r3} 的测评值，见表 3-2。

表 3-2　项目评价指标测评值

指标	x_{w1}			x_{w2}			x_{w3}			x_{s1}			x_{s2}		
权重	$r\sim$	r	$\overline{r}$	$r\sim$	r	$\overline{r}$	$r\sim$	r	$\overline{r}$	$r\sim$	r	$\overline{r}$	$r\sim$	r	$\overline{r}$
项目 A	4.3	4.5	2.7	2.0	2.7	3.4	2.7	2.0	3.3	4.8	4.2	1.5	1.5	1.3	2.2
项目 B	4.9	1.8	2.0	2.0	3.8	3.2	3.2	1.9	3.4	1.9	4.4	4.4	1.8	4.8	4.1
项目 C	3.8	3.1	2.3	1.5	2.1	3.7	1.9	1.9	4.9	1.1	4.6	2.4	3.8	1.8	2.4

续表

指标	x_{w1}			x_{w2}			x_{w3}			x_{s1}			x_{s2}		
权重	$r\sim$	r	$\bar r$	$r\sim$	r	$\bar r$	$r\sim$	r	$\bar r$	$r\sim$	r	$\bar r$	$r\sim$	r	$\bar r$
项目 D	4.1	4.9	1.6	3.4	4.5	2.2	2.6	3.9	3.0	4.6	1.1	4.1	2.1	1.7	4.4

指标	x_{s3}			x_{s4}			x_{s5}			x_{r1}			x_{r2}			x_{r3}		
权重	$r\sim$	r	$\bar r$	$r\sim$	r	$\bar r$	$r\sim$	r	$\bar r$	$r\sim$	r	$\bar r$	$r\sim$	r	$\bar r$	$r\sim$	r	$\bar r$
项目 A	2.4	3.0	1.2	1.8	2.4	2.9	4.5	3.1	3.6	3.1	4.3	2.2	3.3	2.2	1.1	5.0	3.2	3.1
项目 B	2.2	1.7	4.4	4.2	3.0	1.3	4.0	5.0	1.2	2.0	1.5	3.7	3.3	2.6	4.6	2.1	2.3	1.8
项目 C	2.3	2.3	3.5	4.2	3.3	4.8	3.3	3.1	3.6	1.2	4.4	2.8	3.1	3.5	3.2			2.9
项目 D	1.3	3.6	1.6	2.1	3.9	2.6	4.2	3.3	1.4	3.7	1.9	3.2	3.1	1.5	4.3	4.4	3.4	3.3

注：$r\sim$、r、$\bar r$ 分别表示项目评价指标"历史"、"现在"及"将来"的测评值

应用本书方法，对项目 A、B、C、D 分别进行了"历史""现在""将来"三个时段的综合测评，与三个时段相应的权重系数，如表 3-3 所示。

表 3-3　权重系数表

指标 权重	x_{w1}	x_{w2}	x_{w3}	x_{s1}	x_{s2}	x_{s3}	x_{s4}	x_{s5}	x_{r1}	x_{r2}	x_{r3}
ω	0.080	0.120	0.100	0.075	0.109	0.096	0.055	0.065	0.108	0.102	0.090
μ	0.087	0.127	0.107	0.084	0.091	0.058	0.065	0.074	0.086	0.113	0.108
ρ	0.088	0.123	0.105	0.080	0.109	0.079	0.062	0.075	0.084	0.104	0.091

本着重"现在"与"将来"，兼顾"历史"的原则，分别取 $\lambda_1 = 0.2$，$\lambda_2 = 0.3$，$\lambda_3 = 0.5$，对 A、B、C、D 项目进行了三维或立体的综合评价，其评价值及排序见表 3-4。

表 3-4　项目综合评价值

指标 项目	x_{w1}	x_{w2}	x_{w3}	x_{s1}	x_{s2}	x_{s3}	x_{s4}	x_{s5}	x_{r1}	x_{r2}	x_{r3}	综合评价值
项目 A	0.973	1.001	0.831	0.833	0.522	0.499	0.435	0.792	0.889	0.700	1.078	8.552
项目 B	0.725	1.116	0.880	0.864	1.080	0.657	0.507	0.720	0.656	1.109	0.601	8.915
项目 C	0.776	0.902	0.908	0.661	0.840	0.631	0.672	0.434	0.832	1.088	0.925	8.666
项目 D	0.895	1.250	0.992	0.765	0.863	0.460	0.530	0.622	0.832	0.933	1.064	9.207

由表 3-4 可知，项目 D 目前运营状态相对较好，项目 B、项目 C 次之，项目 A 相对较差。

经营性中小水电站是我国水电能源项目中的重要组成部分，在国民经济运行当中发挥着重要作用。本书在研究水电站项目经营过程中出现的问题基础上，建立了中小水电站 PROT 项目融资的霍尔三维模式。为了全面、客观的对项目运行情况进行评价，结合 WSR 系统方法论，作者尝试建立了基于 WSR 系统方法

论的 PROT 项目综合集成评价方法，实现了项目运行的有效监控。但该方法还没有完全实现项目评价、监控的动态化、实时化，还有待进一步深入研究。

3.4 本章小结

本章根据经营性中小水电项目目前的实际情况，尝试建立经营性公共基础设施 PROT 项目融资模式，并建立了 PROT 项目融资模式的框架，最后对 PROT 项目融资模式的适用范围、运作流程、风险管理等进行了阐述。将 PROT 和 TOT 项目融资模式的区别与联系，在霍尔三维模式下从时间维、逻辑维和知识维/专业维三个维度进行了比较分析，然后建立了基于 WSR 系统方法论的 PROT 项目融资综合集成评价模型。

第 4 章

经营性公共基础设施 PROT 项目
融资综合集成管理模型

第 3 章详细介绍了经营性公共基础设施 PROT 项目融资模式是一种适用于中小水电项目融资的新型模式。由于水电项目融资涉及的利益相关方比较多，项目的时间跨度比较长，各利益相关方在较长的经营过程中，容易产生交流、沟通的一系列障碍，产生"信息孤岛"现象，导致 PROT 项目融资的困难，给项目的实施带来一定的问题。因此，从本章开始，集中探讨 PROT 项目融资的综合集成管理问题，以便有效地解决上述问题。

本章主要从系统工程的角度综合考虑 PROT 项目融资的综合集成管理问题。第 3 章已经详细介绍了经营性公共基础设施 PROT 项目融资模式的定义、框架、运作流程、适用范围、资产转让管理、升级改造管理、运营管理、移交管理及风险管理等内容。事实上 PROT 项目融资模式所涉及的内容还远远不止这些，它是一个比较复杂的系统，而对于复杂的系统目前主要有还原论、整体论和综合集成方法来对其进行研究。还原论的本质在于分解，认为只要了解了部分，整体也就了解了。还原论在自然科学研究中取得了非常大的成就，然而随着各种十分复杂的问题的出现，其局限性也是显而易见的。贝塔朗菲比较早地发现了还原论的缺陷，并提出相应的整体论方法。但是，从还原论到整体论，似乎只是从一个极端进入另一个极端，还原论失之于整体，而整体论失之于毫末[149]。综合集成方法则是在吸收前二者优点的基础上，将还原论和整体论相结合的方法论，首先通过复杂系统进行自上而下的分解，然后在分解研究的基础上，再进行集成，同时结合人、机和信息系统，达到 $1+1>2$ 的效果，最后实现复杂系统的综合集成管理[146]。

4.1　经营性公共基础设施 PROT 项目融资系统分解

4.1.1　经营性公共基础设施 PROT 项目融资复杂系统

霍尔三维模式是一种非常经典又相当实用的系统分解工具和方法，自从 1969 年由美国人霍尔首次提出后在工程领域、管理领域、经济领域等领域得到了极大的推广和应用。

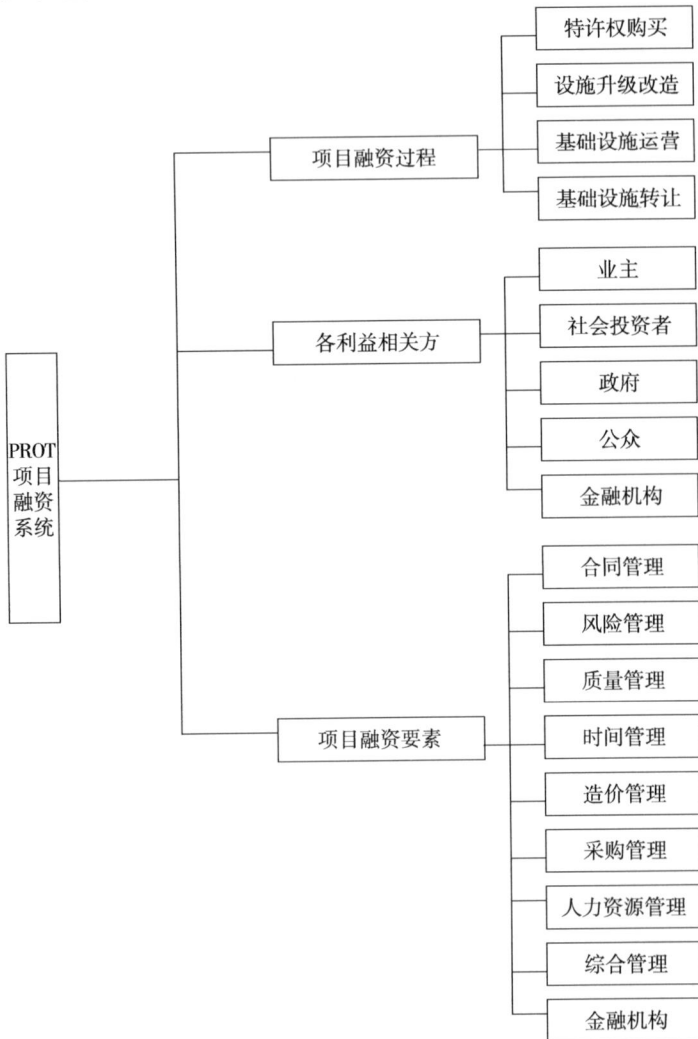

图 4-1　PROT 项目融资微观层面系统分解图

经营性公共基础设施 PROT 项目融资是一个复杂的系统，其时间跨度长，涉及的利益相关方比较多，因此其是一个复杂的巨系统。

4.1.2　经营性公共基础设施 PROT 项目融资复杂系统分解

复杂系统的分解需要借助一定的工具和方法才能使其分解得清晰、具体，本书将利用霍尔三维模式对 PROT 项目融资复杂系统进行分解，参照霍尔三维模式的时间维、逻辑维和知识维/专业维，将 PROT 项目融资复杂系统按照 PROT 项目融资过程、项目融资涉及的各利益相关方、项目融资要素进行三维分解，如图 4-1 所示。

4.2　经营性公共基础设施 PROT 项目融资系统重构

借助霍尔三维模式对 PROT 项目融资进行系统分解之后，由于系统涌现，系统熵可能增加也可能减少，为了保证系统目标的实现，并且管理系统的熵使其逐渐变小，由无序逐渐变得有序，需要对其进一步重构。

下面借助 WSR 系统方法论及霍尔三维模式对 PROT 项目融资分解系统进行重构，如图 4-2 所示[47]。

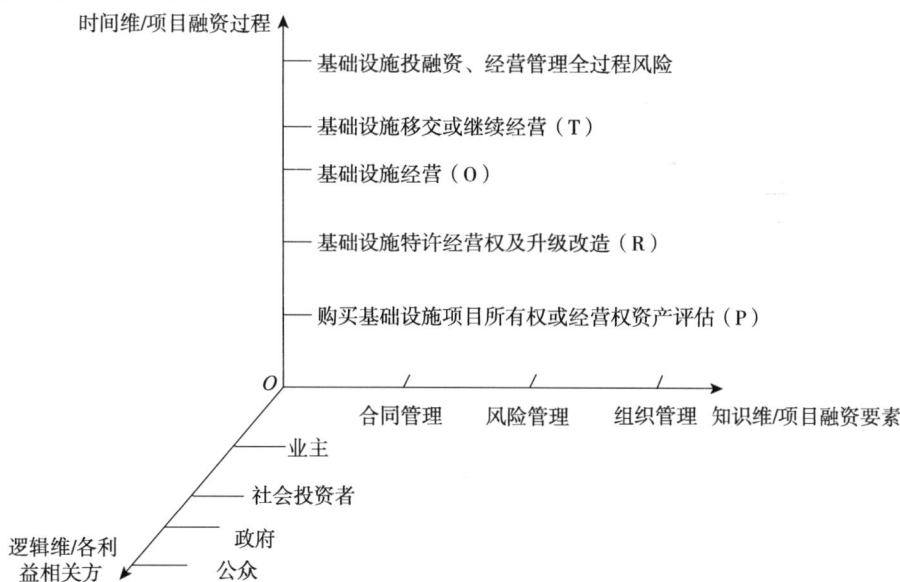

图 4-2　PROT 项目融资三维系统重构图

WSR 系统方法论及霍尔三维模式将 PROT 项目融资系统分解的元素有机地统一在一起，纳入一个统一的框架进行集成，三个维度之间及每个维度的各个元素之间相互影响、相互作用，涌现产生一些有益于系统熵减少或者增加的物质。

因此，有必要研究 PROT 项目融资系统熵产生的原因及系统熵演进机理。

下面将重点研究经营性公共基础设施 PROT 项目融资综合集成管理。

4.3　经营性公共基础设施 PROT 项目融资综合集成管理

1990 年年初，钱学森等第一次把处理开放的复杂巨系统的方法命名为从定性到定量的综合集成方法。综合集成方法是从整体上进行考虑并解决问题的一种方法论。钱学森指出，这种方法不同于大家一直采用的培根式还原论方法，其是在现代科学条件下关于认识方法论的一次质的飞跃。处理开放的复杂巨系统的方法论是从定性到定量的一种综合集成方法，因此其作为一门技术又可以称为综合集成技术，作为一门工程又可称为综合集成工程。它是思维科学的应用技术，既要用到思维科学成果，同时也会促进思维科学的发展。它向网络和通信技术、计算机知识工程、人工智能技术等提出了更高的技术问题。这项技术还可用来整理千千万万比较零散的群众意见、提案及专家见解乃至个别领导做出的判断，真正做到集腋成裘。钱学森认为对简单系统可以从系统之间的相互作用出发，直接综合成全系统的功能，同时还可以借助于目前大型或巨型的计算机。对简单巨系统不能用直接综合方法进行统计，把亿万个分子组成的巨系统功能略去细节，用统计方法概括起来，这就是普里高津和哈肯的贡献，即自组织理论[147,150~153]。

上面对 PROT 项目融资系统进行了分解并借助霍尔三维模式和 WSR 系统方法论又对其进行了系统重构。为了促进 PROT 项目融资目标的实现，下面建立 PROT 项目融资综合集成管理体系。

4.3.1　综合集成框架体系

PROT 项目融资综合集成管理体系是在系统分解与重构的基础上，为系统目标的实现而建立起来的。主要包括管理组织集成、管理过程集成、管理信息集成及管理目标集成。其中管理组织集成对应霍尔三维模式的逻辑维、WSR 系统方法论的人理，管理过程集成对应霍尔三维模式的时间维、WSR 系统方法论的事理，管理信息集成对应霍尔三维模式的知识维、WSR 系统方法论的物理。

1. 管理组织集成

PROT 项目融资的管理组织涉及业主、社会投资者、政府、公众、金融机构和供应商等，他们之间组成了复杂的网络关系，每一个利益相关方内部又有着自己的一套独立管理组织系统，所以他们之间是一张十分复杂的网络组织关系，通过社会投资者进行联系。

如果他们之间各自为政，不相互照顾对方的利益，最终会使系统走向崩溃的边缘，所以要建立一个包含 PROT 项目融资各利益相关方在内的集成网络组织，实现 PROT 项目融资的管理组织集成，如图 4-3 所示。

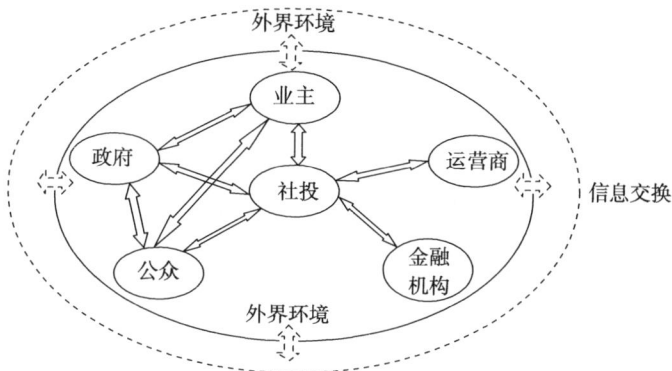

图 4-3　PROT 项目融资的管理组织集成示意图

2. 管理过程集成

PROT 项目融资持续的时间一般都比较长，短则 5～8 年，长则 20～30 年，PROT 项目融资一般包含购买、升级改造、运营、移交四个阶段，每一个阶段又都包含很多子管理阶段。目前的管理模式，往往将各个阶段割裂开来进行管理，总是想将局部利益最大化，而没有考虑将整个管理阶段的利益最大化。这就造成了虽然某个或者某些阶段系统利益最大化，管理熵较小，但是从整个 PROT 项目融资管理流程来看，系统的总体熵不是最小，由于系统涌现现象的产生，系统很有可能从无序走向更加无序，难以保证系统目标的实现，如图 4-4 所示(可以再细化)。

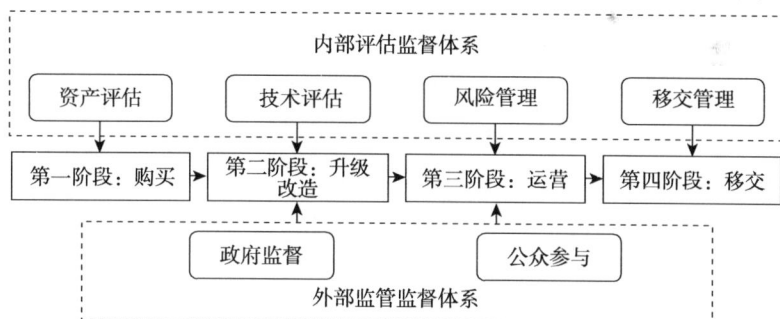

图 4-4　PROT 项目融资的管理过程集成示意图

3. 管理信息集成

综合集成管理需要对复杂的 PROT 项目融资系统进行管理，不仅需要管理组织集成(人)、管理阶段(过程)集成，还需要实现综合集成管理的管理信息集成(信息)(机)。从而实现在人机交互的基础上，通过信息平台，达到 PROT 项目融资综合集成管理的目的。

下面主要讨论为了实现综合集成管理需要而建立的负责各分系统之间的信息

沟通平台，如图 4-5 所示。

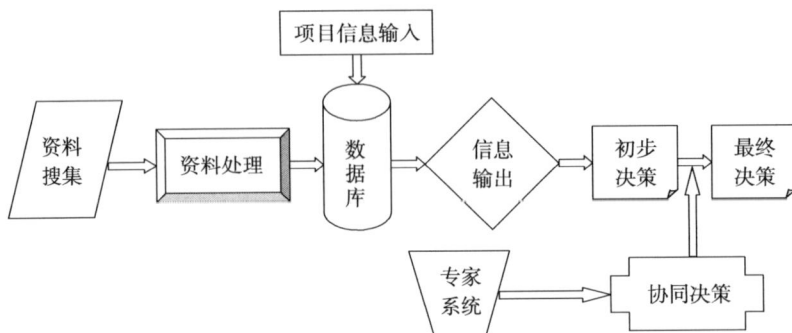

图 4-5　PROT 项目融资信息集成平台

4. 管理目标集成

PROT 项目融资的目标就是要实现项目整体利益最大化，而不是某一个目标的最大化。由于 PROT 项目融资的目标较多，主要有时间管理目标、质量管理目标、资金管理目标、范围管理目标、合同管理目标、风险管理目标、采购管理目标、人力资源管理目标和综合管理目标九个方面，因此有必要对这些分目标进行集成，从而促进整体目标利益的最大化，如图 4-6 所示。

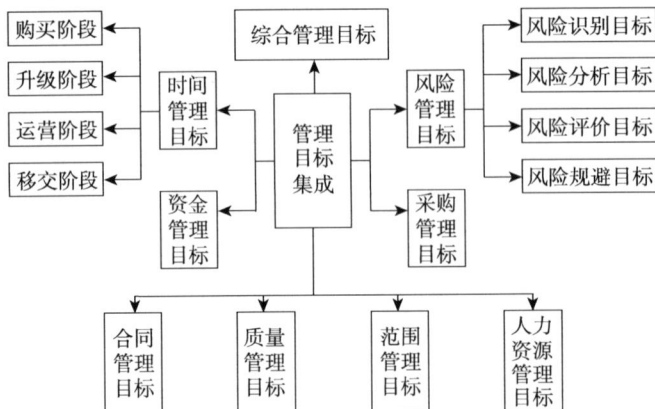

图 4-6　PROT 项目融资目标集成管理

5. 综合集成管理模型框架体系

综合集成管理框架体系将组织集成系统、过程集成系统、信息集成系统及目标集成系统有机地统一在一起，形成了 PROT 项目融资综合集成管理框架体系，如图 4-7 所示。

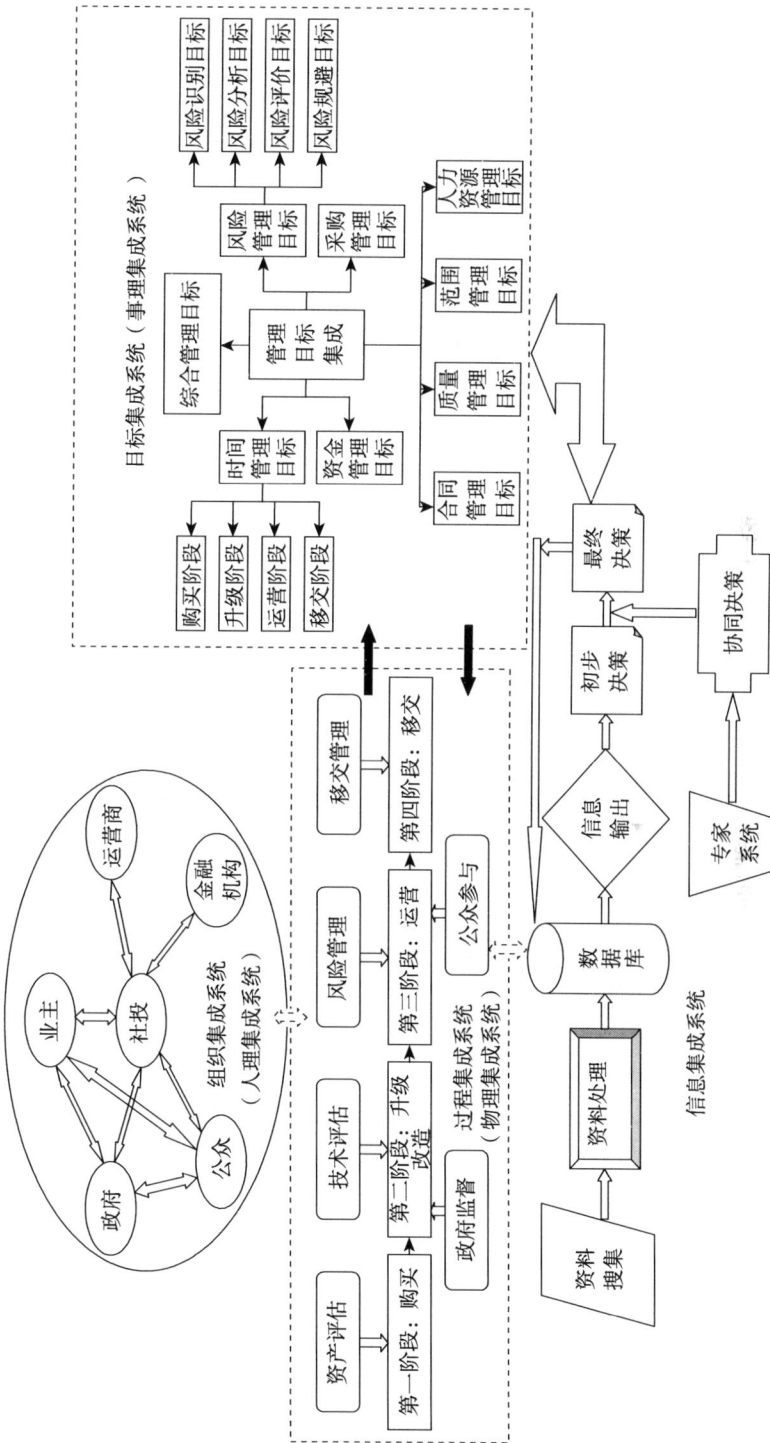

图4-7 PROT项目融资综合集成管理模型框架体系示意图

4.3.2　综合集成管理模型功能体系

经营性公共基础设施 PROT 项目融资综合集成管理模型包含 PROT 项目融资组织集成系统、过程集成系统、目标集成系统及信息集成系统四大系统模块，通过综合集成管理模型可以实现项目目标，在各大集成系统的相互作用下，各系统之间及各系统内部不断涌现，使 PROT 项目融资系统熵逐步减少，整个系统逐渐从无序走向有序，最终实现项目目标。

经营性公共基础设施 PROT 项目融资综合集成管理模型的功能体系主要有：各利益相关方之间的协调沟通功能、项目融资各阶段间的系统协同反馈功能、项目融资过程中的内外部监督功能及项目融资信息系统的协同决策和专家辅助决策功能。

1. 各利益相关方之间的协调沟通功能

经营性公共基础设施 PROT 项目融资，具有时间长、目标多等特点，因此涉及的项目利益相关方比较多，主要包括业主、社会投资者、政府、公众、金融机构和供应商等。如果按照传统的管理模式，各利益相关方之间各自为政，存在"信息孤岛"现象，每一方为了将自己的利益最大化而导致整体利益的非最大化。通过各利益相关方之间的协调沟通功能，使他们之间架起了沟通的桥梁，保证了信息的共享，最终使项目融资各利益相关方之间达到多赢。

2. 项目融资各阶段间的系统协同反馈功能

经营性公共基础设施 PROT 项目融资从时间上划分为购买、升级改造、运营和移交四个大的阶段，在每个阶段内部又可以划分许多小的流程，由于 PROT 项目融资的时间跨度较长，因此各个流程、阶段之间很难有机地统一起来，而 PROT 项目融资的协同反馈功能可以有效地解决的这一问题，使各阶段之间通过信息集成系统的支持，能够不断地进行信息反馈，前一段的完成情况可以有效地给后面的项目提供支持，后面项目的进行也可以为以后项目的调整和优化提供帮助。这就使项目的各个流程、各个阶段有机地统一起来，建立起具有反馈功能的协同机制。

3. 项目融资过程中的内外部监督功能

经营性公共基础设施 PROT 项目融资，在项目运行过程中，由于外界环境的变化，系统的各种要素都发生着不同的变化，这就要借助内外部的监督功能来保证项目的顺利实施。在系统内部可以通过资产评估、技术评估、风险管理等方法提前对项目进行监控，在系统外部可以利用政府的监督管理、公众的参与对项目运行过程中出现的问题(如环境影响、质量安全等)进行控制。

4. 项目融资信息系统的协同决策功能

经营性公共基础设施 PROT 项目融资是一个复杂的系统，其中组织集成系统、过程集成系统、目标集成系统之间及其内部的信息交流都需要集成信息系统的支持，即通过数据的收集与整理、数据库的存储与处理，帮助决策者进行决策。同时，加上专家系统的协同支持，实现人-机-信息的整体协同。

4.3.3　综合集成管理模型运行体系

经营性公共基础设施 PROT 项目融资综合集成管理模型，主要围绕项目的四个阶段，即购买(P)基础设施所有权或经营权，基础设施硬件和投融资、经营管理升级改造(R)，运营管理(O)，移交，继续经营（T）。在协调各利益相关方之间的关系时，借助人机交互系统的支持，实现项目的目标。以上多方面的研究与综合，将形成能够支撑整个 PROT 项目融资运行的完整理论和方法体系。

4.3.4　综合集成管理模型支撑体系

经营性公共基础设施 PROT 项目融资综合集成管理模型，不是一个孤立的系统，因此会受内外部环境的影响，这就需要其有一个强有力的支撑体系，如法律支撑、金融支撑、政策支撑等。

▌4.4　本章小结

在第 3 章的基础上，为使 PROT 项目融资模式能够有效地运行，建立了经营性公共基础设施 PROT 项目融资综合集成管理框架体系。本章利用系统分解和系统重构理论，建立了 PROT 项目融资综合集成管理模型的框架体系、运行体系、功能体系、支撑体系等。

第 5 章

经营性公共基础设施 PROT 项目融资 霍尔三维模式下系统熵演进机理

复杂系统在长期的运行过程中，由于系统内部诸要素之间的相互作用，因此会产生系统熵，这里我们将系统熵定义为项目融资熵。项目融资熵的变化反映了PROT 项目融资系统的有序程度，因此我们可以通过 PROT 项目融资熵的变化来研究 PROT 项目融资系统的有序情况。PROT 项目融资综合集成管理的目的，是为了实现项目融资系统的有序进行，保证项目目标的实现，解决常见管理模式出现的一些弊端。因此，我们可以尝试借助熵来研究 PROT 项目融资综合集成管理问题，从而实现项目的最终目标。由 PROT 项目融资系统熵的变化来判定PROT 项目融资系统的稳定性，进而实现 PROT 项目融资的综合集成管理。

本章首先借助熵的定义对项目融资熵进行了初步界定，并根据熵理论、霍尔三维模式及 WSR 系统方法论建立了基于霍尔三维模式的 PROT 项目融资熵度量模型，对 PROT 项目融资熵演进机理进行了初步分析，为后面的 PROT 项目融资带熵博弈奠定基础。

5.1 项目融资熵的提出和界定

项目融资熵是在借鉴普通物理学中熵的定义和国内外一些学者关于管理熵的定义的基础上，根据项目融资实际情况提出来的[154,155]。

项目融资熵是指在项目融资活动过程中，由于项目各利益相关方之间的活动而产生的促使项目系统有序或者无序增加或者减少的一种度量。项目融资系统无序活动增加说明系统熵增加，反之则减少。

项目融资熵的内涵如下：①项目融资熵是项目融资系统有序和无序的标度；②项目融资熵是项目融资系统各利益相关方利益博弈结果的体现；③项目融资熵

是项目融资系统中各要素之间协同作用的精确表示；④项目融资熵是项目融资系统中各利益相关方的集中涌现；⑤项目融资熵是判别项目融资系统是否趋向耗散结构的标志；⑥项目融资熵是项目融资系统中风险分担合理与否的体现。

5.2　经营性公共基础设施 PROT 项目融资系统熵产生原因

在中小水电站运营过程中，由于涉及的利益相关方比较多，主要包括业主、社会投资者、政府、公众、金融机构及运营商等，他们一般都站在自己的利益一方，促使自己的利益最大化，而没有考虑项目整体利益的最大化，因此很难实现帕累托最优。这样就致使项目的整体利益受到损失，项目无法顺利地运行下去。在这个过程中，由于各利益相关方之间的不断博弈，项目融资系统中就会产生系统熵，并且随着熵值的不断增加，系统就越来越运行不良，最终只能走向失败。

具体来说，项目涉及的主要利益相关方——业主、社会投资者、政府、公众、金融机构及运营商的活动都有可能产生熵（正熵或负熵），下面就具体分析一下熵产生的原因。

业主为 PROT 项目融资的重要利益相关方，会由于其经营管理的不善项目无法正常运行时不得不考虑将自己苦心经营的中小水电项目转让出去，自己获得一定收益的同时也使项目能够实现可持续的发展；也会由于业主自己资金的短缺而不得不将项目尽早转让以获得相应的资金；还会由于业主自己公司战略的考虑而舍弃自己的中小水电站项目以实现自己的战略目的；等等。首先，中小水电站业主会出于以上三种目的，不得不转让自己的中小水电站项目，在项目转让过程中，作为经济人的业主为了使自己利益的最大化，一般都会过大的估计中小水电站项目的价值，而作为对应的社会投资者，即作为博弈的另一方则会想办法尽量压低价格，以便用最低的价格获得中小水电项目的发电权。二者之间的这种逆向活动（博弈）就产生了使系统秩序变得混乱的熵。随着时间的推移，如果二者之间的博弈活动产生的矛盾或者分歧不断激化，那么系统的熵值就不断增加。其次，业主和公众之间会由于业主急于以较高的价格将项目转让出去而不太关心项目的后续会如何，而公众作为中小水电站项目产品的消费者则会考虑电价会不会上涨等问题而使二者之间也产生熵值的增加。最后，由于中小水电站业主和政府之间会在开发中小水电站的初期有一定的相互承诺（如后续投资、生态环保等），但承诺的兑现会因项目的转让而发生变化，那么二者之间也会因为这些问题而产生熵值的增加。

社会投资者为 PROT 项目融资系统中最重要的利益相关方。第一，其和中小水电项目业主之间存在讨价还价的博弈活动，由此会有产生熵增的可能。第二，社会投资者和政府之间，由于涉及中小水电项目的正常运转、电力供应、生态保护、发电权及承诺等问题而会有产生新熵的可能。第三，社会投资者和公众之间，也会因为电价、生态保护等问题而会有产生熵增的可能。第四，社会投资者可能会由于资金问题和金融机构进行融资，二者就项目的价值、利率、项目现金流及担保等问题会产生摩擦而会有产生熵增的可能。第五，社会投资者和运营商之间，由于会需要对旧的中小水电项目进行技术升级改造、资源的优化配置及管理的规范，这就需要专业的中小水电运营商进行运营管理以获得更好的效益。但是，二者之间在相互的活动当中也会产生新的熵值。

政府为 PROT 项目融资系统中起监督管理作用的利益相关方。其在中小水电项目发电权转让过程中，既要监督业主的行为，又要管理社会投资者在项目收购过程中的活动等。业主和社会投资者之间相互活动产生熵增的原因已经在前面做过论述。另外，政府和公众之间，政府要保持社会的和谐稳定，当地社会的电价及生活环境问题就是二者之间产生熵增的原因。

公众为 PROT 项目融资产品的受益者和环境后果的承担者，这在前面已经论述过了。

同样的，金融机构、运营商等一般只和社会投资者产生直接的联系，前面也已经论述过了，这里不再赘述。

具体来说，项目涉及的主要利益相关方——业主、社会投资者、政府、公众、金融机构及运营商相互之间的活动都有可能产生熵（正熵或负熵），如图 5-1 所示。

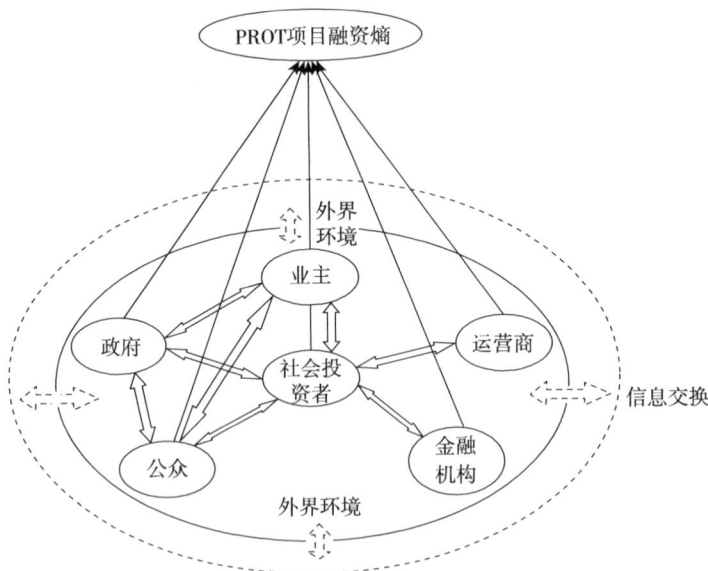

图 5-1　PROT 项目融资熵产生机理分析框架图

5.3　经营性公共基础设施 PROT 项目融资熵的数学模型

PROT 项目融资是一个开放的复杂巨系统，涉及的利益相关方比较多，其各个子系统、各利益相关方之间的非线性关系是非常复杂的。如何通过定量的分析、计算来进行研究，这是一个单靠经验和简单的计算是难以完成的，并且根据系统理论和熵理论构建 PROT 项目融资的熵模型，从系统熵变角度探究 PROT 项目融资系统向着有序的方向演进或者向着无序的方向演进的问题。

项目融资系统熵可以反映项目融资系统运行有序、无序的实质，正熵促使系统变得更加无序，而负熵则是系统内在的调节机制与手段，决定项目融资效果的根源是 PROT 项目融资系统的正熵和负熵[156]。

剖析 PROT 项目融资的熵机理，即研究系统组成部分、要素、各利益相关方之间的非线性关系。

5.3.1　PROT 项目融资正熵

在任佩瑜教授的管理熵数学模型的基础上，综合玻尔兹曼熵公式和香农的信息熵公式给出项目融资熵数学模型[157～161]。

1）模型假设

（1）PROT 项目融资系统是一个相对较封闭的孤立系统，很少与外界环境进行物质、能量及信息的交换。

（2）项目融资系统内部存在能量的差异，使其处于一种相对不平衡的状态。

2）数学模型的表示方法

$$S_e = \sum_{i=1}^{n} K_i S_i \tag{5-1}$$

其中，i 为相对封闭的项目融资系统熵值的影响因素，即项目所涉及的各利益相关方；K_i 为权重；S_i 为各种影响因素产生的熵值。

$$S_i = -K_B \sum_{j=1}^{n} P_{ij} \ln_{ij} P_{ij} \tag{5-2}$$

项目融资正向熵变表示类似中小水电项目的经营性公共基础设施项目融资的负向影响。

5.3.2　PROT 项目融资负熵

PROT 项目融资耗散结构是指一个远离平衡态且比较复杂的系统，不断地与外界环境进行物质、能量及信息的交换。在系统内部诸单元之间的互相作用下，当外部环境的条件变化达到一定的阈值时，负熵逐渐增加，PROT 项目融资系统内部有序度的增加值大于自身无序度的增加值，从而使 PROT 项目融资系统的有序度增加值大于本身无序度的增加值。在一定的条件下，PROT 项目融资系统逐渐形成新的有序结构及新的组织。

由于 PROT 项目融资系统本身的复杂性、非线性及环境的复杂性，PROT项目融资系统内部充满了不确定性。PROT 项目融资耗散结构揭示了 PROT 项目融资系统内部无序向有序不断发展的趋势。

PROT 项目融资系统耗散结构逐渐形成之后，PROT 项目融资系统便在远离平衡状态的非线性区内，处于一种动态的平衡当中。系统内部一个微观的随机扰动就会通过相关作用进行放大，逐渐发展成一个整体宏观的巨大涨落，使系统进入一个不稳定状态，然后又跌回到一个新的、稳定的有序状态，逐渐形成一种充满活力的有序结构。

PROT 项目融资耗散结构的提出，将 PROT 项目融资系统内部中既互相独立又互补共存、既竞争又相互合作、具有共同的目标、可以共同分享利益的要素基元组织集合起来。

根据 PROT 项目融资耗散的内涵，研究得出 PROT 项目融资负熵数学模型。

1. PROT 项目融资负熵数学模型成立的前提条件

（1）PROT 项目融资系统是一个远离平衡态的开放的系统。

（2）产生耗散结构的 PROT 项目融资的系统内部包含大量的进一步细分的单元，内部诸要素之间存在着复杂的非线性的相互关系。

（3）PROT 项目融资系统外部环境条件变化达到一定的阈值。

（4）PROT 项目融资系统内部环境不断地进行信息、知识的交换，从而使项目融资系统的总熵为负值。

2. PROT 项目融资负熵的数学表达式

$$S_e = \sum_{i=1}^{n} K_i S_i$$

$$S_i = K_B \sum_{j=1}^{n} P_{ij} \ln_{ij} P_{ij}$$

5.3.3　PROT 项目融资总熵

$$S_{总} = S_{正} + S_{负} \tag{5-3}$$

分析 $S_{总}$ 的正负或者 0，即 $S_{总}$ 的变化值。

当 $S_{总}$ 变化值大于 0 时，说明 PROT 项目融资系统的总熵在增加，系统内部无序的程度在增大，系统正在朝着更加无序的方向发展。一方面，系统内部的各要素通过与外界进行能量、物质、信息的交换使系统的负熵增加，即 PROT

项目融资系统内的各利益相关方可能是通过得到新的信息或者改变新的战略，也可能是其各利益相关方之间的结构优化或者涌现，产生新的有利于系统整体达到最优的方案，导致系统内从无序走向有序的负熵增大；另一方面，由于系统内部各要素的变化或者其他因素使系统的正熵增加，系统内无序的正熵增加值大于促进系统向有序变化的负熵增加值，因此系统的总熵整体上还是增加的。还有可能是 PROT 项目融资系统内部的正熵在增加，而负熵没有增加，所以整体上系统的总熵是增加的。另外，PROT 项目融资系统内各利益相关方之间，由于利益纷争的增加，矛盾不但没有减小，反而变得更加激化，PROT 项目融资系统内的正熵逐渐增加。

当 $S_{总}$ 变化值等于 0 时，说明 PROT 项目融资系统的总熵保持不变，系统内有序和无序的程度不变，系统基本保持原来的状态。一方面，系统内部的要素通过与外界进行能量、物质、信息的交换使系统的负熵增加，即 PROT 项目融资系统内的各利益相关方可能是通过得到新的信息或者改变新的战略，也可能是系统各利益相关方之间的结构优化或者涌现，产生新的有利于系统整体达到最优的方案，促进系统内从无序走向有序的负熵增大；另一方面，由于系统内部各要素的变化或者其他因素使系统的正熵增加，系统内无序的正熵增加值等于促进系统向有序变化的负熵增加值，因此系统的总熵整体上保持不变。还有可能是 PROT 项目融资系统内部的正熵没有增加，而负熵也没有增加，整体上系统的总熵还是不变的。另外，PROT 项目融资系统内各利益相关方之间，由于利益的纷争保持不变，矛盾保持当前的状态，系统内的总熵不变。

当 $S_{总}$ 变化值小于 0 时，说明 PROT 项目融资系统的总熵减少，系统内无序正在向有序转变。一方面，系统内部的要素通过与外界进行能量、物质、信息的交换使得系统的负熵增加，即 PROT 项目融资系统内的各利益相关方可能是通过得到新的信息或者改变新的战略，也可能是系统各利益相关方之间的结构优化或者涌现，产生新的有利于系统整体最优的方式或者方案，导致系统内从无序走向有序的负熵增大；另一方面，由于系统内部各要素的变化或者其他因素使系统的正熵增加，系统内无序的正熵增加值小于促进系统向有序变化的负熵增加值，因此系统的总熵整体上减小。还有可能是 PROT 项目融资系统内部的正熵没有增加，而负熵增加，整体上系统的总熵还是减少的。另外，PROT 项目融资系统内各利益相关方之间，由于利益的纷争保持不变，矛盾保持当前的状态，但是由于和外界进行能量和信息的交换，系统内的负熵增加，从而融资系统的总熵在整体上是减少的。

5.4　基于霍尔三维模式的经营性公共基础设施 PROT 项目融资熵值演进过程及耗散结构的判定

随着 PROT 项目融资系统内正熵和负熵的变化，PROT 项目融资过程是一个不断反复、调整的过程，根据前人研究及作者分析，PROT 项目融资管理效率也大致呈现出"波浪式"的表现形式，并且在不同情况下，表现为三种不同的情形。

5.4.1　PROT 项目融资熵变演进机理分析

PROT 项目融资熵演进机理分为下面三种情况，分别如图 5-2、图 5-3 和图 5-4所示。

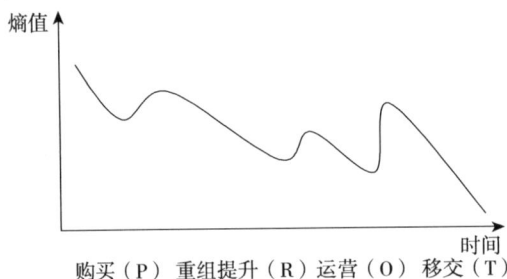

图 5-2　PROT 项目融资熵变演进机理示意图(一)

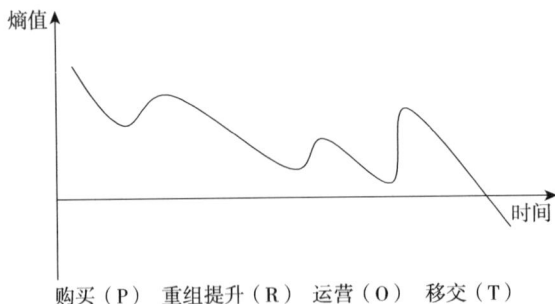

图 5-3　PROT 项目融资熵变演进机理示意图(二)

5.4.2　PROT 项目融资耗散结构判定

$S_{总}$ 与 0 的关系(耗散结构的判断)如下。

(1)当 $S_{总}$ 大于 0 时，存在两种情况。一种情况是 $S_e < 0$，并且 $|S_e| < S_i$，

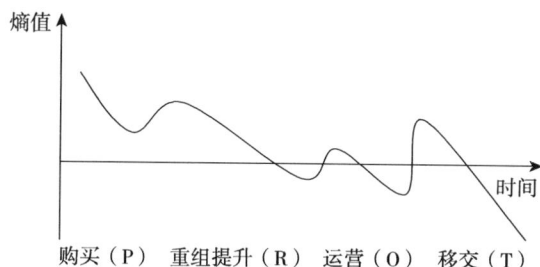

图 5-4　PROT 项目融资熵变演进机理示意图(三)

说明 PROT 项目融资系统内产生的正熵数值大于外部引入的负熵，即由正熵产生的无序化效应超过负熵产生的有序化效应，PROT 项目融资系统的总趋势是向无序发展的。此时，负熵仅仅起到减少 PROT 项目融资系统无序程度或延缓系统趋向无序的速度的被动作用，此时的正熵起主导作用。另外一种情况是，$S_e > 0$，即引入的负熵不仅未能抵消内部的正熵，反而强化了系统的正熵，致使 PROT 项目融资系统的总熵不但没有降低反而上升，此种情况被称做 PROT 项目融资负熵的一种弱逆效应。这是一种相对较坏的情况，此时 PROT 项目融资系统内部的总熵急速上升，当总熵值达到一定的程度时，PROT 项目融资系统变向无序的发展态势就不可逆转。

(2)当 $S_{总}$ 小于 0 时，即 $S_e < 0$，并且 $|S_e| > S_i$，PROT 项目融资系统外部的负熵引入强度大于系统内目前的正熵，此刻进入 PROT 项目融资系统的负熵完全把系统内部正熵的增加值抵消掉，导致总熵值下降变为负值，PROT 项目融资系统的整体有序化趋势大于无序化的趋势，使 PROT 项目融资系统的总趋势走向有序化，并形成耗散结构，这时 PROT 项目融资系统内的负熵起主导作用。PROT 项目融资子系统之间及各个子系统组成要素之间的矛盾突出，它们之间比较有规则的波动和随机扰动，二者相叠加产生的非平衡相加产生的效应加剧，微涨落突一定程度上变成巨涨落，PROT 项目融资系统内各要素之间发展的不平衡超过 PROT 项目融资系统稳定发展的临界阈值，系统结构失稳。

(3)当 $S_{总}$ 等于 0 时，即 $S_e < 0$，并且 $|S_e| = S_i$，此时，PROT 项目融资系统外部负熵的引入强度与内部的熵增值相等，那么 PROT 项目融资系统管理的有序化趋势和无序化趋势处于均衡状态，系统的无序性和有序性互相交替、互相抵消，即 PROT 项目融资总熵值等于零，整体上系统处于一种暂时徘徊不前的平衡临界状态。但这种情况不会持续太久，随着二者的互相作用和系统本身组成各要素的改变及外界环境的变化，这种临界状态最终会消失，或者转向有序，或者转向无序。

5.5 基于霍尔三维模式的 PROT 项目融资熵度量模型构建

在前人研究的基础上结合 PROT 项目融资具体情况，尝试界定了项目融资熵这一概念，经过研究，下面尝试结合霍尔三维模式和 WSR 系统方法论对项目融资熵做进一步研究，如图 5-5 所示。

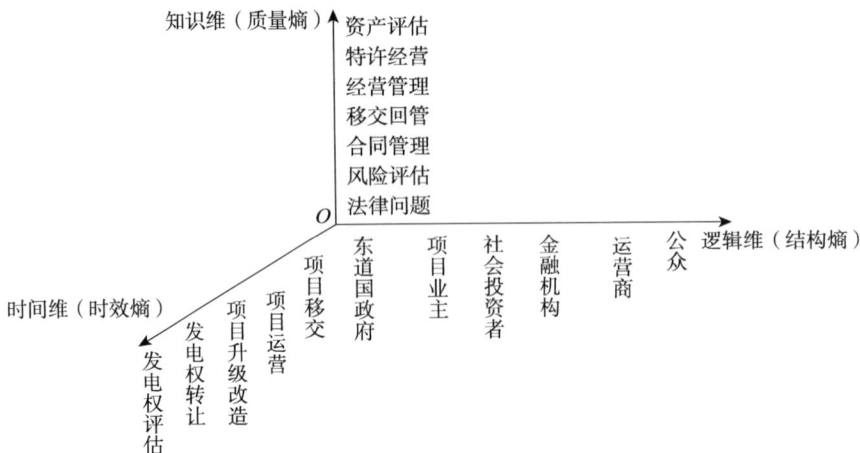

图 5-5　PROT 项目霍尔三维模式熵模型框架图

注：知识维(质量熵)表示 S(事理)、要素集成；逻辑维(结构熵)表示 R(人理)、各利益相关方集成；时间维(时效熵)表示 W(物理)、过程集成

下面研究一下霍尔三维模式和 WSR 系统方法论二者之间的关系。

霍尔三维模式包括时间维、逻辑维、知识维/专业维三个维度；WSR 系统方法论包含物理、事理、人理三个方面。

(1)PROT 项目融资模式中时间维和物理的对应关系分析：在 PROT 项目融资模式中，一般的中小水电项目都是按照时间计划即网络计划图逐步实施，这一过程既可以看做霍尔三维结构的时间维度(PROT 项目融资模式实施的网络计划即时间计划)，也可以看做 WSR 系统方法论的物理方面(PROT 项目融资模式中，强调事物的基本运动规律、机理，研究事物客观实在性的方面)。

(2)PROT 项目融资模式中逻辑维和人理的对应关系分析：在 PROT 项目融资模式中，为了促进项目的顺利实施，往往需要建立一个庞大的组织结构，这一组织结构把各利益相关方及其内部的子组织有机地统一起来，表示 PROT 项目融资模式中各利益相关方及其内部子组织的逻辑结构关系，这和霍尔三维中的逻辑维相对应，这也和 WSR 系统方法论中的人理方面(研究通过考虑人的因素、运用人文社科知识做好事情的道理)相对应。

(3)PROT 项目融资模式中知识维和事理的对应关系分析：在 PROT 项目融资模式实施过程中，也可以看做项目管理的实施过程，而项目管理一般包含时间管理、质量管理等九大要素，这九大要素管理的过程中需要运用大量的科学知识，即对应霍尔三维中的知识维，而对这九大要素管理的过程中主要是运用系统工程、管理科学、运筹学等科学知识解决如何做好事情的道理，这又和 WSR 系统方法论中的事理相对应。

霍尔三维模式已经在多个方面应用得十分广泛，这就为项目融资熵的系统研究提供了一个比较好的框架，因此可以借鉴霍尔三维模式将项目融资熵分为三个维度进行研究，即时间维度上的物理时效熵、逻辑维度上的人理结构熵和知识维度上的事理要素熵。同时，三个维度又分别是 PROT 项目融资模式的过程集成、各利益相关方集成和要素集成。

关于时效熵、质量熵和结构熵，一些学者已经进行过研究[162~167]，但是统一在霍尔三维框架下进行系统的研究还比较少见。另外，在时间维、逻辑维和知识维/专业维三个维度下面，借助 WSR 系统方法论，将时间维度下的时效熵、逻辑维度下的结构熵和知识维度下的质量熵又分别进行物理、人理、事理的系统探讨，这样就形成了结合硬系统方法论和软系统方法论的 PROT 项目融资熵的综合集成研究。其为下一步的综合集成管理系统仿真做好基础。

下面分别介绍一下基于三个维度的物理时效熵、人理结构熵和事理要素熵。

5.5.1　物理时效熵

PROT 项目融资要经历项目估价、项目转让、项目升级改造、项目运营、项目移交等 N 个流程，这个过程一般要经历较长的时间跨度，就拿单一的流程来说也要经历较长的时间，并且由于其他的因素，这些流程之间又往往有一些交叉和往复。例如，如果项目转让结果不理想就会进行下一次的谈判、转让等事宜，这样 PROT 项目融资整个过程就构成了一个相对复杂的网络系统。如何使整个复杂漫长的流程系统有效地进行下去，这就需要研究整个系统在物理流程方面的时效问题。

在邱菀华和程启月等人研究的基础上，结合霍尔三维模式，作者提出 PROT 项目融资的物理时效熵，用以探讨 PROT 项目融资时间维度下项目融资流程的效率问题[168~174]。以下为确定项目融资物理时效熵的数学方法。

本书从融资流程形成的网络计划图出发，以网络计划图中各项工作的完成度来确定融资流程的物理时效熵，如图 5-6 所示。

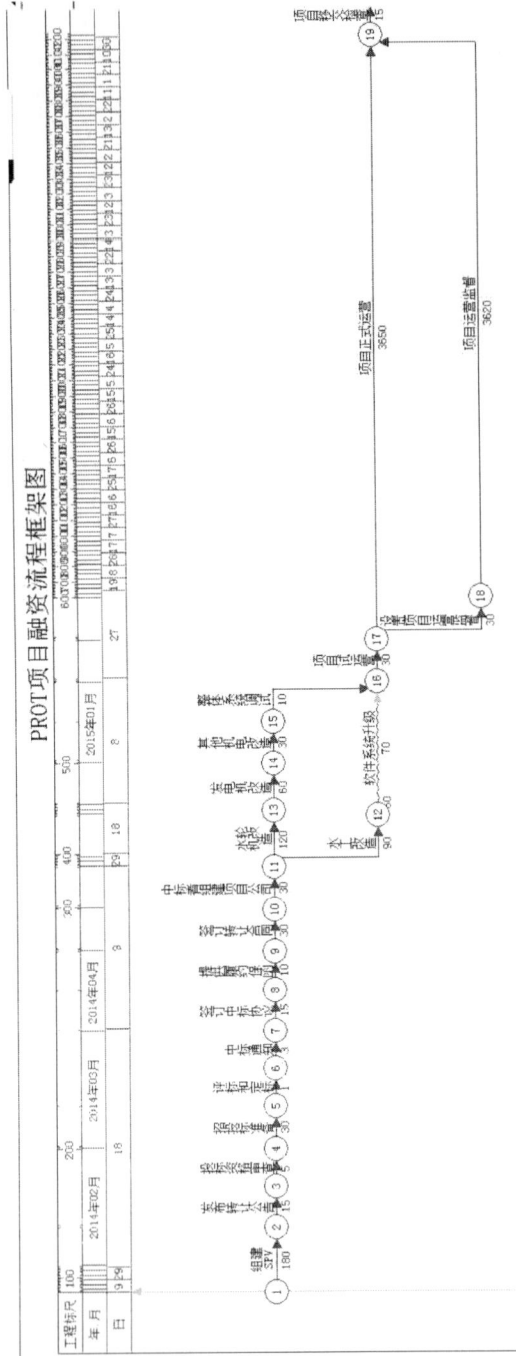

图5-6 PROT项目融资流程框架图

定义 5.1　一项工作的实际完成时间与计划完成时间之比成为该工作的完成度。

定义 5.2　在某一项目融资网络计划图中，各项目工作的实际未完成度称为系统项目融资流中该工作所产生的熵。把反映在融资网计划图中工作完成的不确定性的度量称为融资的时效熵，记作 H_{ij}^k。

$$H_{ij}^k = -p_{ij}^k \log p_{ij}^k \tag{5-4}$$

其中，p_{ij}^k 为第 i 个子流程，第 j 个割的节点间联系时未实现的概率，且满足以下公式：

$$p_{ij}^k = \frac{L_{ij}^k}{A^i} = \frac{L_{ij}^k}{\sum_k \sum_j L_{ij}^k} \tag{5-5}$$

定义 5.3　系统第 i 个子流程网络计划图的总时效熵定义为

$$
\begin{aligned}
H_i^k &= \sum_k \left[\sum_{j=1}^m H_{ij}^k \right] \\
&= \sum_k \left[\sum_{j=1}^m \left(-p_{ij}^k \cdot \log p_{ij}^k \right) \right] \\
&= \sum_k \left[\sum_{j=1}^m \left(-p_{ij}^k \cdot \log \frac{l_{ij}^k}{A^i} \right) \right] \\
&= \sum_k \left[\sum_{j=1}^m \left(-p_{ij}^k \cdot \log \frac{l_{ij}^k}{\sum_k \sum_j l_{ij}^k} \right) \right], \quad i = 1, 2, \cdots, n
\end{aligned}
\tag{5-6}
$$

5.5.2　人理结构熵

在项目融资组织规模一定的情况下，管理幅度越大，管理层次就越少；反之也如此。项目融资组织结构的管理层次过多会降低组织的效率，但较宽的管理跨度又会增加领导的负担，由此带来更大的损失。因此，人们总是想在管理跨度和组织层次间寻求一个契合点，以保证效率和效果达到综合整体要求。

本书在参考 Wiley 对生物系统结构熵进行描述的基础上，又结合前人的研究，把相关管理信息在 PROT 项目融资系统各要素之间的传递过程中流通速度的大小称做系统结构的时效。同时，把反映相应管理信息在 PROT 项目融资系统中对流通时效不确定性大小的度量称做系统的时效熵，用 H_1 表示，则 PROT 项目融资系统的时效定义为 $R_1 = 1 - H_1 / H_{1m}$，其中 H_{1m} 为 PROT 项目融资系统时效熵的最大值。PROT 项目融资系统的质量是相应管理信息在该组织结构系统中流通时准确程度大小的度量，PROT 项目融资系统质量熵描述了系统中信息质量不确定性的程度，用 H_2 表示，则系统结构的质量定义为 $R_2 = 1 - H_2 / H_{2m}$，其中 H_{2m} 为系统质量熵的最大值[170]。

PROT 项目融资系统管理组织结构有 N 个构成要素，管理层次为 m 个。PROT 项目融资系统组织机构时效熵的计算过程如下。

1. 计算 PROT 项目融资系统时效熵

（1）联系长度 L_{ij} 的确定：计算 PROT 项目融资系统组织机构图中两构成要素 i，j 之间的最短路径（i，$j = 1, 2, \cdots, n$）。

（2）PROT 项目融资组织结构系统的时效微观态总数的计算：$A_1 = \sum_{i=1}^{n} \sum_{j=1}^{n} L_{ij}^{k}$。时效微观态是指从时效的角度来考量系统可能表现或者经历的微观状态。

（3）PROT 项目融资组织结构系统最大时效熵的计算：$H_{1m} = \log A_1$。

（4）PROT 项目融资组织结构系统中各联系的时效微观态实现概率的计算：$P_1(ij) = L_{ij} / A_1$。

（5）PROT 项目融资组织结构系统中上下级和同一管理层次之间任意两个构成元素之间时效熵的计算：

$$H_1(ij) = -P_1(ij) \log_2 P_1(ij), \quad i, j = 1, 2, \cdots, n$$

（6）PROT 项目融资系统总时效熵的确定：

$$
\begin{aligned}
H_1 &= \sum_{i=1}^{n} \sum_{j=1}^{n} H_1(ij) \\
&= \sum_{i=1}^{n} \sum_{j=1}^{n} \left[-p_1(ij) \cdot \log_2 p_1(ij) \right] \\
&= \sum_{i=1}^{n} \sum_{j=1}^{n} \left(-\frac{L_{ij}}{A_1} \cdot \log_2 \frac{L_{ij}}{A_1} \right) \\
&= \sum_{i=1}^{n} \sum_{i=1}^{n} \left(-\frac{L_{ij}}{\sum_{i=1}^{n} \sum_{j=1}^{n} L_{ij}^{k}} \cdot \log_2 \frac{L_{ij}}{\sum_{i=1}^{n} \sum_{j=1}^{n} L_{ij}^{k}} \right), \quad i, j = 1, 2, \cdots, n
\end{aligned}
\tag{5-7}
$$

2. PROT 项目融资系统质量熵的确定

（1）确定 PROT 项目融资系统中的联系跨度 k_i，即组织结构图中与某要素有直接联系的元素数量（$i = 1, 2, \cdots, n$）见图 5-7 和图 5-8。

（2）PROT 项目融资组织结构系统的质量微观态总数的确定：$A_2 = \sum_{i=1}^{n} k_i$。质量微观态是指从质量的角度考查系统时，PROT 项目融资系统可能表现或者经历的微观状态。

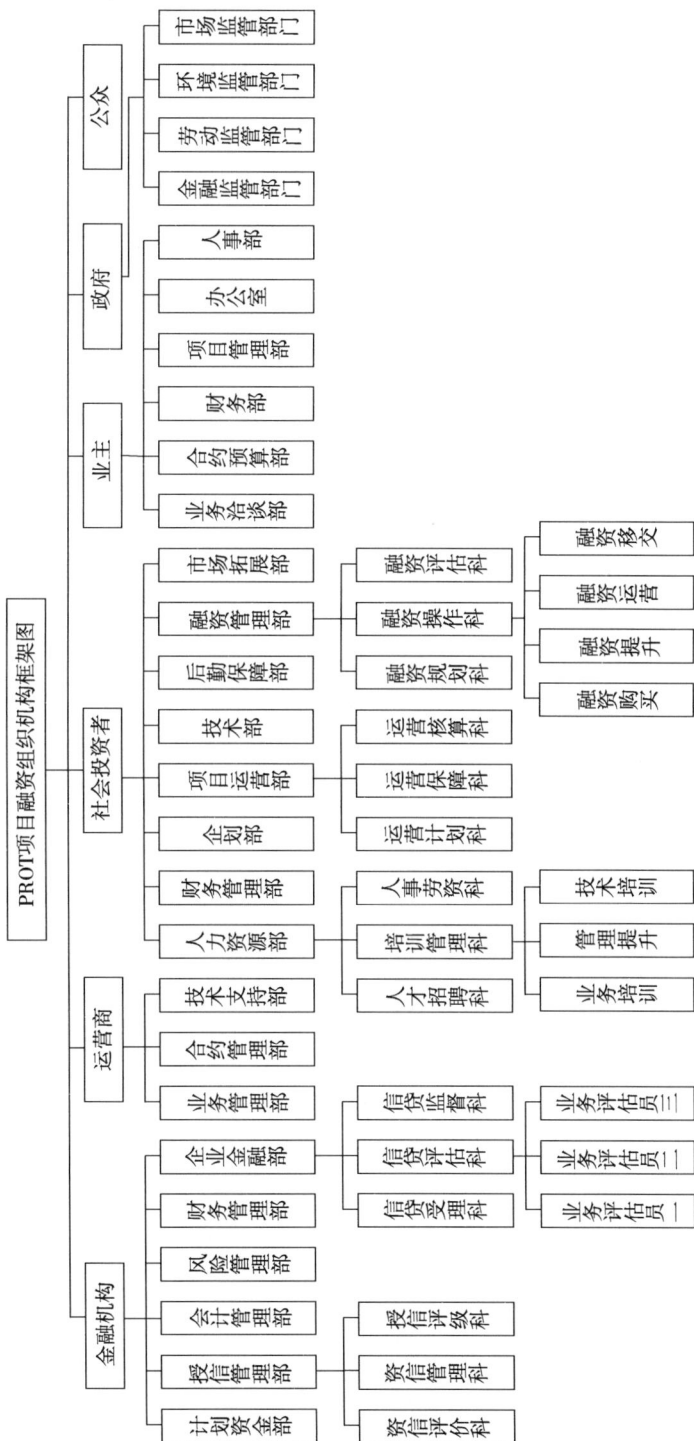

图5-7　PROT项目融资组织结构框架图（一）

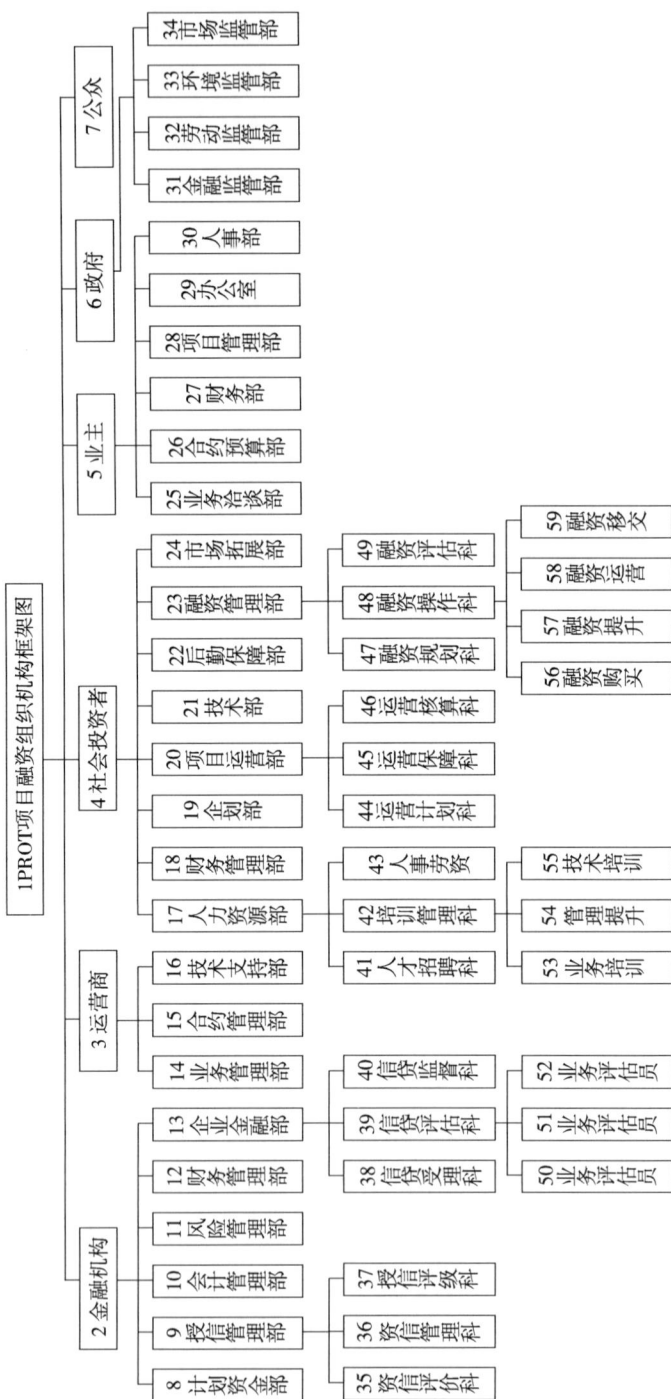

图5-8　PROT项目融资组织结构框架图（二）

（3）PROT 项目融资组织结构系统的最大质量熵的确定：$H_{2m} = \log_2 A_2$。

（4）PROT 项目融资组织结构系统中各要素的质量微观态的实现概率的确定：$P_2(i) = k_1 / A_2$，　$i = 1, 2, \cdots, n$。

（5）PROT 项目融资组织结构系统中各要素质量熵的确定：$H_2(i) = -P_2(i) \cdot \log_2 P_2(i)$，　$i = 1, 2, \cdots, n$。

（6）PROT 项目融资组织结构系统的总质量熵的确定：

$$
\begin{aligned}
H_2 &= \sum_{i=1}^{n} H_2(i) \\
&= -\sum_{i=1}^{n} P_2(i) \log_2 P_2(i) \\
&= -\sum_{i=1}^{n} \frac{k_i}{A_2} \log_2 \frac{k_i}{A_2} \\
&= -\sum_{i=1}^{n} \frac{k_i}{\sum\limits_{i=1}^{n} k_i} \log_2 \frac{k_i}{\sum\limits_{i=1}^{n} k_i}, \quad i = 1, 2, \cdots, n
\end{aligned}
\tag{5-8}
$$

所以：

$$
\begin{aligned}
H_R &= H_1 + H_2 \\
&= \sum_{i=1}^{n} \sum_{j=1}^{n} \left[-p_1(ij) \cdot \log_2 p_1(ij) \right] + \left[-\sum_{i=1}^{n} P_2(i) \log_2 P_2(i) \right] \\
&= \sum_{i=1}^{n} \sum_{j=1}^{n} \left(-\frac{L_{ij}}{A_1} \cdot \log_2 \frac{L_{ij}}{A_1} \right) + \left(-\sum_{i=1}^{n} \frac{k_i}{A_2} \log_2 \frac{k_i}{A_2} \right) \\
&= \sum_{i=1}^{n} \sum_{j=1}^{n} \left(-\frac{L_{ij}}{\sum\limits_{i=1}^{n} \sum\limits_{j=1}^{n} L_{ij}^{k}} \cdot \log_2 \frac{L_{ij}}{\sum\limits_{i=1}^{n} \sum\limits_{j=1}^{n} L_{ij}^{k}} \right) \\
&\quad + \left(-\sum_{i=1}^{n} \frac{k_i}{\sum\limits_{i=1}^{n} k_i} \log_2 \frac{k_i}{\sum\limits_{i=1}^{n} k_i} \right), \quad i = 1, 2, \cdots, n
\end{aligned}
\tag{5-9}
$$

5.5.3　事理要素熵

作为霍尔三维模式的第三个维度——知识维主要包括 PROT 项目融资过程中的时间管理、质量管理、资金管理、范围管理、合同管理、风险管理、采购管理、人力资源管理、综合管理九个要素，在研究熵理论的基础上，结合 PROT 项目融资过程中涉及的这九大要素进行分析，探讨系统中各要素的熵，即霍尔三维模式知识维度下 PROT 项目融资的事理要素熵。本书采用专家研讨厅的方式，通过借鉴信息熵、概率熵，对九大要素的熵进行研究。

下面把事理要素熵的计算流程梳理如下。

(1)首先筛选出影响系统熵的九大要素：

本书借鉴目前比较成熟的美国项目管理知识体系(project management body of knowledge，PMBOK)中的时间管理、质量管理、资金管理、范围管理、合同管理、风险管理、采购管理、人力资源管理、综合管理九个要素作为影响系统熵的主要要素，分别表示为 Y_1，Y_2，…，Y_k，…，Y_n。$(k=1，2，…，n)$。

(2)通过专家研讨厅就各要素对系统熵的影响程度大小进行评价：

评价的结果进行列表表示，分别为 Y_1s，Y_2s，…，Y_ks，…，$Y_ns(k=1，2，…，n)$。

(3)对系统各要素的评分进行归一化处理：

$$Y_{ks}^* = Y_{ks} \bigg/ \sum_{k=1}^{N} Y_{ks} \tag{5-10}$$

(4)借鉴信息熵公式得到事理要素熵的计算公式：

$$H_s = H_s = -K_s \sum_{k=1}^{n} Y_{ks}^* \cdot \ln_{sk} Y_{ks}^* \tag{5-11}$$

(5)对结果进行分析评价。

通过上面的分析，PROT 项目融资熵在霍尔三维模式框架下的物理时效熵、人理结构熵和事理要素熵已可以分别计算得出，下面分析如何将三者有机地统一在一起。

5.5.4　项目融资总熵模型

物理时效熵为

$$
\begin{aligned}
H_i^k &= \sum_k \left(\sum_{j=1}^{m} H_{ij}^k \right) \\
&= \sum_k \left[\sum_{j=1}^{m} \left(-p_{ij}^k \cdot \log p_{ij}^k \right) \right] \\
&= \sum_k \left[\sum_{j=1}^{m} \left(-p_{ij}^k \cdot \log \frac{l_{ij}^k}{A^i} \right) \right] \\
&= \sum_k \left[\sum_{j=1}^{m} \left(-p_{ij}^k \cdot \log \frac{l_{ij}^k}{\sum_k \sum_j l_{ij}^k} \right) \right], \quad i=1，2，…，n
\end{aligned}
\tag{5-12}
$$

人理结构熵为

$$
\begin{aligned}
H_R &= H_1 + H_2 \\
&= \sum_{i=1}^{n} \sum_{j=1}^{n} \left[-p_1(ij) \cdot \log_2 p_1(ij) \right] + \left[-\sum_{i=1}^{n} P_2(i) \log_2 P_2(i) \right]
\end{aligned}
$$

$$= \sum_{i=1}^{n} \sum_{j=1}^{n} \left(-\frac{L_{ij}}{A_1} \cdot \log_2 \frac{L_{ij}}{A_1} \right) + \left(-\sum_{i=1}^{n} \frac{k_i}{A_2} \log_2 \frac{k_i}{A_2} \right)$$

$$= \sum_{i=1}^{n} \sum_{j=1}^{n} \left(-\frac{L_{ij}}{\sum_{i=1}^{n} \sum_{j=1}^{n} L_{ij}^k} \cdot \log_2 \frac{L_{ij}}{\sum_{i=1}^{n} \sum_{j=1}^{n} L_{ij}^k} \right)$$

$$+ \left(-\sum_{i=1}^{n} \frac{k_i}{\sum_{i=1}^{n} k_i} \log_2 \frac{k_i}{\sum_{i=1}^{n} k_i} \right), \quad i = 1, 2, \cdots, n \tag{5-13}$$

事理要素熵为

$$H_s = -K_s \sum_{k=1}^{n} Y_{ks}^* \cdot \ln_{sk} Y_{ks}^*$$

总熵为

$$S_{\text{总}} = S_{\text{正}} + S_{\text{负}}$$

$$= \sum_{i=1}^{n} \alpha_i S_i + \sum_{i=1}^{n} \beta_i S_i$$

$$= -\sum_{i=1}^{n} \alpha_i \cdot \lambda_{\text{正}} \cdot \sum_{j=1}^{n} p_{ij} \cdot \ln_{ij} p_{ij} + \sum_{i=1}^{n} \beta_i \cdot \lambda_{\text{负}} \cdot \sum_{j=1}^{n} p_{ij} \cdot \ln_{ij} p_{ij}$$

$$= -\sum_{i=1}^{n} \alpha_i \cdot \lambda_{\text{正}} \cdot (H_{\text{W正}} + H_{\text{R正}} + H_{\text{S正}}) + \sum_{i=1}^{n} \beta_i \cdot \lambda_{\text{负}} \cdot (H_{\text{W负}} + H_{\text{R负}} + H_{\text{S负}})$$

$$= -\sum_{i=1}^{n} \alpha_i \cdot \lambda_{\text{正}} \cdot (H_{\text{W正}} + H_{\text{R正1}} + H_{\text{R正2}} + H_{\text{S正}}) + \sum_{i=1}^{n} \beta_i \cdot \lambda_{\text{负}} \cdot (H_{\text{W负}}$$

$$+ H_{\text{R负1}} + H_{\text{R负2}} + H_{\text{S负}})$$

$$= -\sum_{i=1}^{n} \alpha_i \cdot \lambda_{\text{正}} \cdot \left\{ \sum_{k} \left[\sum_{j=1}^{m} \left(-p_{ij}^k \cdot \log \frac{l_{ij}^k}{\sum_{k} \sum_{j} l_{ij}^k} \right) \right] \right.$$

$$+ \left[\sum_{i=1}^{n} \sum_{j=1}^{n} \left(-\frac{L_{ij}}{\sum_{i=1}^{n} \sum_{j=1}^{n} L_{ij}^k} \cdot \log_2 \frac{L_{ij}}{\sum_{i=1}^{n} \sum_{j=1}^{n} L_{ij}^k} \right) \right.$$

$$+ \left(-\sum_{i=1}^{n} \frac{k_i}{\sum_{i=1}^{n} k_i} \log_2 \frac{k_i}{\sum_{i=1}^{n} k_i} \right) \right] + \left(-K_s \sum_{k=1}^{n} Y_{ks}^* \cdot \ln_{sk} Y_{ks}^* \right) \right\}$$

$$+ \sum_{i=1}^{n} \beta_i \cdot \lambda_{\text{负}} \cdot \left(H_{\text{W负}} + H_{\text{R负1}} + H_{\text{R负2}} + K_s \sum_{k=1}^{n} Y_{ks}^* \cdot \ln_{sk} Y_{ks}^* \right)$$

$$= -\sum_{i=1}^{n} \alpha_i \cdot \lambda_{\text{正}} \cdot \left\{ \sum_{k} \left[\sum_{j=1}^{m} \left(-p_{ij}^k \cdot \log \frac{l_{ij}^k}{\sum_{k} \sum_{j} l_{ij}^k} \right) \right] \right.$$

$$+ \left(\sum_{i=1}^{n} \sum_{j=1}^{n} \left(-\frac{L_{ij}}{\sum_{i=1}^{n}\sum_{j=1}^{n}L_{ij}^{k}} \cdot \log_2 \frac{L_{ij}}{\sum_{i=1}^{n}\sum_{j=1}^{n}L_{ij}^{k}} \right) \right.$$

$$+ \left(-\sum_{i=1}^{n} \frac{k_i}{\sum_{i=1}^{n}k_i} \log_2 \frac{k_i}{\sum_{i=1}^{n}k_i} \right) \Big] + \left(-K_s \sum_{k=1}^{n} Y_{ks}^* \cdot \ln_{sk} Y_{ks}^* \right) \Big\}$$

$$+ \sum_{i=1}^{n} \beta_i \cdot \lambda_{\text{负}} \cdot \left[\sum_{k} \left(\sum_{j=1}^{m} p_{ij}^k \cdot \log \frac{l_{ij}^k}{\sum_{k}\sum_{j}l_{ij}^k} \right) \right.$$

$$+ \left(\sum_{i=1}^{n} \sum_{j=1}^{n} \frac{L_{ij}}{\sum_{i=1}^{n}\sum_{j=1}^{n}L_{ij}^{k}} \cdot \log_2 \frac{L_{ij}}{\sum_{i=1}^{n}\sum_{j=1}^{n}L_{ij}^{k}} \right.$$

$$+ \sum_{i=1}^{n} \frac{k_i}{\sum_{i=1}^{n}k_i} \log_2 \frac{k_i}{\sum_{i=1}^{n}k_i} \Big) + K_s \sum_{k=1}^{n} Y_{ks}^* \cdot \ln_{sk} Y_{ks}^* \Big] \tag{5-14}$$

PROT 项目融资熵还可以近似地用图 5-9 表示。

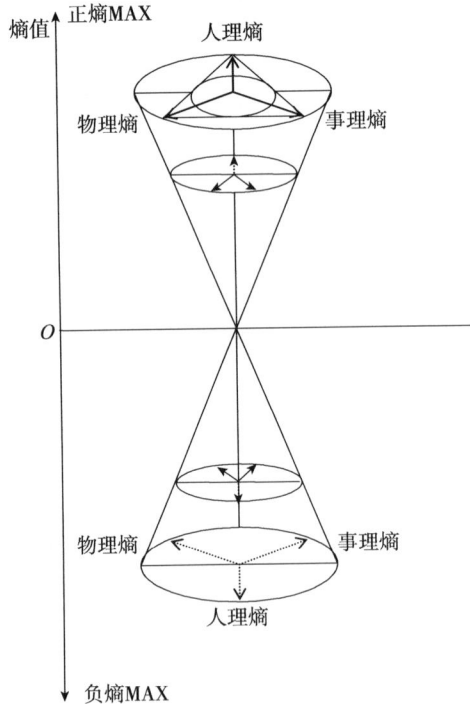

图 5-9　PROT 项目融资熵锥形示意图

▉ 5.6　基于格空间熵尺度理论的 PROT 项目融资霍尔三维

模式熵度量模型的复杂性评价

设 $f(x, y, z)$ 为在 PROT 项目融资霍尔三维模式熵度量模型尺度空间的非线性函数，设 E 是在熵空间 H 上以为 X、Y 和 Z 变量的矢量空间，E 的分量 $e_i = (x_i, y_i, z_i)$，$e_i \in H^3$，是上函数的一个集合。若 $\| e_i \| : E \rightarrow H$ 表示矢量的长度，则有 $\| e_i \| = \sqrt{x_i^2 + y_i^2 + z_i^2}$。

这里将物理熵、事理熵和人理熵在某一时刻组成的一个点看做非线性函数 $f(x, y, z)$ 的一个格空间。则 PROT 项目融资霍尔三维模式的系统熵的绝对值就可以通过该点的模来等价求得，即 $\| S_i \| = \sqrt{H_W^2 + H_S^2 + H_R^2}$，并结合 H_W，H_S，H_R 的符号来综合判断系统的熵值。

为进一步对该模型进行评价，作者尝试借助物理学中功的原理来建立评价模型，进一步测度 PROT 项目融资霍尔三维模式的协同力与能。

由物理学中的公式

$$W = \| \vec{F} \| \, \| \vec{D} \| \cdot \cos\theta$$

其中，$\cos\theta = \dfrac{\sqrt{\| S_i \|^2 - H_R^2}}{\| S_i \|}$。

所以，PROT 项目融资霍尔三维模式协同的功为

$$W = \| \vec{F} \| \, \| \vec{D} \| \cdot \cos\theta = \sqrt{H_W^2 + H_S^2 + H_R^2} \cdot H_R \cdot \dfrac{\sqrt{\| S_i \|^2 - H_R^2}}{\| S_i \|}$$

$$= H_R \cdot \sqrt{H_W^2 + H_S^2}$$

由此，可推演出三维的协同物理熵能、人理熵能和事理熵能为

$$W_W = H_R \cdot \sqrt{\| S_i \|^2 - H_R^2} = H_W \cdot \sqrt{H_S^2 + H_R^2}$$

$$W_S = H_R \cdot \sqrt{\| S_i \|^2 - H_S^2} = H_S \cdot \sqrt{H_R^2 + H_W^2}$$

$$W_R = H_R \cdot \sqrt{\| S_i \|^2 - H_S^2} = H_R \cdot \sqrt{H_S^2 + H_W^2}$$

由上面的公式推导可以得到，PROT 项目融资霍尔三维模式的协同熵与熵能的演变轨迹。

熵的演变轨迹为

$$S_i = (H_{W_i}, H_{S_i}, H_{R_i}) \rightarrow S_{i+1} = (H_{W_{i+1}}, H_{S_{i+1}}, H_{R_{i+1}})$$

PROT 项目融资的四个阶段对应的熵值分别是（2.07，5.31，1.46）、（1.61，6.12，2.24）、（1.23，7.46，2.68）、（1.68，9.80，3.15）。

熵值的演变轨迹为

$$\| \boldsymbol{S}_i \| = \sqrt{H_{W_i}^2 + H_{S_i}^2 + H_{R_i}^2} \rightarrow \| \boldsymbol{S}_{i+1} \| = \sqrt{H_{W_{i+1}}^2 + H_{S_{i+1}}^2 + H_{R_{i+1}}^2}$$

熵能的演变轨迹为

$$W_i = (W_{W_i},\ W_{S_i},\ W_{R_i}) \rightarrow W_{i+1} = (W_{W_{i+1}},\ W_{S_{i+1}},\ W_{R_{i+1}})$$

5.7　本章小结

为了深入研究 PROT 项目融资综合集成管理模式，本章在分析和界定项目融资熵的基础上，分析了 PROT 项目融资熵演进机理，通过熵的变化来判定项目融资的运行情况。最后，借助霍尔三维模式和 WSR 系统方法论建立了 PROT 项目融资熵度量模型，从物理时效熵、人理结构熵和事理要素熵三个维度定量分析项目融资熵的变化，并且最终统一为项目融资熵，以其来探析 PROT 项目融资运行状况。

第 6 章

经营性公共基础设施 PROT 项目
融资带熵博弈研究

经营性公共基础设施 PROT 项目融资运行过程中，涉及的利益相关方比较多，运行的过程实际上就是各利益相关方不断进行博弈的过程。各利益相关方之间博弈的结果也就是项目融资运行的结果。为了促进 PROT 项目融资能够顺利实现项目的目标，进行深入研究 PROT 项目融资的深层机理，从而为第 7 章的仿真模拟做准备，本章在第 5 章对项目融资研究的基础上，借助带熵博弈理论对其进行进一步探究。

由于篇幅有限，本章主要研究 PROT 项目融资中购买阶段和运营阶段的博弈问题。由于第 7 章研究的 PROT 项目融资的仿真模拟是一类项目融资的仿真模拟问题，所以，本章着重研究同类项目融资的带熵博弈问题，希望能够给具体的项目带来一些指导作用。

■6.1 项目融资带熵博弈

6.1.1 带熵博弈

在传统博弈理论基础上，将熵引入博弈论，形成一种新的博弈系统，即带熵博弈。用熵函数代替博弈理论的策略函数，使整个博弈系统的熵最小化[175,176]。

6.1.2 项目融资带熵博弈概念

项目融资带熵博弈主要研究在项目融资过程中，项目融资所涉及的各利益相关方在其各个阶段所进行的带熵博弈情况，最终实现项目的整体最优，促进项目融资顺利进行。

6.2　经营性公共基础设施 PROT 项目融资购买阶段带熵博弈

经营性公共基础设施 PROT 项目融资购买阶段类似二手车交易，因此参照二手车买卖博弈模型对其进行研究[177~180]。

6.2.1　模型基本假定

中小水电站业主和社会投资者双方的博弈问题属于有两类参与方的非对称博弈，因为存在两种类型的项目参与人，所以必须明确博弈只在不同类型的两类人之间进行。

用 $G=\{S_1, S_2 \cdots, S_n; u_1, u_2, \cdots, u_n\}$ 进行表述，在本模型中，$G=\{S_1, S_2, \cdots, S_n; u_1, u_2, \cdots, u_n\}$。博弈的参与人集合为 $i \in \Gamma$，$i=(1, 2)$，参与人分别为中小水电电站业主（$i=1$）、社会投资者（$i=2$）；每个参与人的战略空间为 S_i，$i=1, 2$；$S_i=(S_{i1}, S_{i2})$，其中中小水电站业主的行动策略为（包装、不包装）、社会投资者的行动策略为（购买、不购买）；每个参与人的支付函数为 $u_i(s_1, s_2)$，$i=1, 2$。

中小水电站项目本身的品质，有两种情况（品质好、品质不好），品质好的概率为 α，品质不好的概率为 $1-\alpha$。

假定中小水电站业主以概率 $\beta(0 \leqslant \beta \leqslant 1)$ 进行策略选择对中小水电站项目进行包装，β 值较高时表示包装力度强（或者包装数目较多），反之则包装力度较弱。特别的，当 $\beta=1$ 时，表示全部包装，$\beta=0$ 时代表不包装。中小水电站为了卖个好价钱，对其包装的成本为 C_{op}。

假定社会投资者以概率 $\gamma(0 \leqslant \gamma \leqslant 1)$ 采取购买的策略，同理，γ 值的高低也将代表社会投资者购买的欲望。特别的，$\gamma=1$ 时代表一定购买，$\gamma=0$ 时代表一定不购买。

若中小水电站项目品质较好，当业主进行包装时，社会投资者购买后的预期收益为 I_{igp}，业主的收益为 I_{ogp}；社会投资者不购买的损失为 0，业主的损失为 C_{op}（包装费用）。当业主不进行包装时，社会投资者购买后的预期收益为 I_{igpn}，业主的收益为 I_{ogpn}；社会投资者不购买的损失为 0，业主的损失为 0。

若中小水电站项目品质不好，当业主进行包装时，社会投资者购买后的预期收益为 I_{idp}，业主的收益为 I_{odp}；社会投资者不购买的损失为 0，业主的损失为 C_{op}（包装费用）。当业主不进行包装时，社会投资者购买后的预期收益为 I_{idpn}，业主的收益为 I_{odpn}；社会投资者不购买的损失为 0，业主的损失为 0 详见图 6-1。

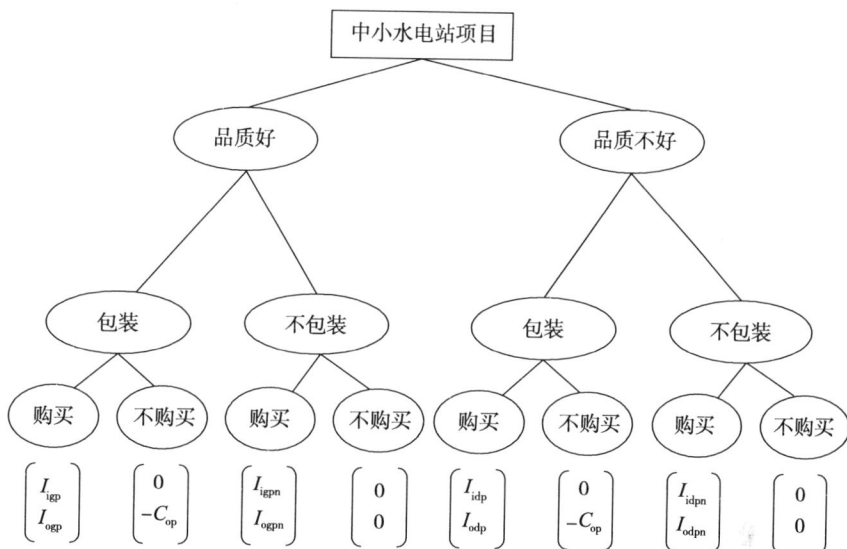

图 6-1　中小水电站 PROT 项目融资购买过程博弈树形图

6.2.2　参与人支付函数

根据以上内容基本假定可以确定各参与人的支付函数。

1. 中小水电站项目业主的支付函数

（1）当项目的品质较好时（α），则有

$$u_1(s_{11}, s_{21}) = I_{igp} + I_{igpn}$$
$$u_1(s_{11}, s_{22}) = I_{igp} + 0 = I_{igp}$$
$$u_1(s_{12}, s_{22}) = 0 + 0 = 0$$
$$u_1(s_{12}, s_{21}) = 0 + I_{igpn} = I_{igpn}$$

（2）当项目的品质不好时（$1-\alpha$），则有

$$u_1(s_{11}, s_{21}) = I_{idp} + I_{idpn}$$
$$u_1(s_{11}, s_{22}) = I_{idp} + 0 = I_{idp}$$
$$u_1(s_{12}, s_{22}) = 0 + 0 = 0$$
$$u_1(s_{12}, s_{21}) = 0 + I_{idpn} = I_{idpn}$$

2. 社会投资者的支付函数

（1）当项目的品质较好时（α），则有

$$u_2(s_{11}, s_{21}) = I_{ogp} + I_{ogpn}$$
$$u_2(s_{11}, s_{22}) = I_{ogp} + 0 = I_{ogp}$$
$$u_2(s_{12}, s_{22}) = -C_{op} + 0 = -C_{op}$$
$$u_2(s_{12}, s_{21}) = -C_{op} + I_{ogpn}$$

(2)当项目的品质不好时$(1-\alpha)$，则有

$$u_2(s_{11}, s_{21})=I_{odp}+I_{odpn}$$
$$u_2(s_{11}, s_{22})=I_{odp}+0=I_{odp}$$
$$u_2(s_{12}, s_{22})=-C_{op}+0=-C_{op}$$
$$u_2(s_{12}, s_{21})=-C_{op}+I_{odpn}$$

假定业主所采用的混合策略为 $\theta_1=(\beta, 1-\beta)$；社会投资者所采用的混合策略为 $\theta_2=(\gamma, 1-\gamma)$；博弈双方的期望收益分别为 $E_1=(\theta_1, \theta_2)$，$E_2=(\theta_1, \theta_2)$，如表 6-1 和表 6-2 所示。

表 6-1　中小水电站业主和社会投资者的收益矩阵(品质好)

		当项目的品质较好时(α)的收益矩阵	
		社会投资者	
中小水电站业主	策略选择	购买(γ)	不购买$(1-\gamma)$
	包装(β)	s_{11} (I_{igp}, I_{ogp})	s_{12} $(0, -C_{op})$
	不包装$(1-\beta)$	s_{21} (I_{igpn}, I_{ogpn})	s_{22} $(0, 0)$

表 6-2　中小水电站业主和社会投资者的收益矩阵(品质不好)

		当项目的品质不好时$(1-\alpha)$的收益矩阵	
		社会投资者	
中小水电站业主	选择策略	购买(γ)	不购买$(1-\gamma)$
	包装(β)	s_{11} (I_{idp}, I_{odp})	s_{12} $(0, -C_{op})$
	不包装$(1-\beta)$	s_{21} (I_{idpn}, I_{odpn})	s_{22} $(0, 0)$

6.2.3　参与人期望收益

社会投资者的期望收益为

$$
\begin{aligned}
E_1 & = (\theta_1, \theta_2) \\
& = \alpha[u_1(s_{11}, s_{21})+u_1(s_{11}, s_{22})+u_1(s_{12}, s_{22})+u_1(s_{12}, s_{21})] \\
& \quad +(1-\alpha)[u_1(s_{11}, s_{21})+u_1(s_{11}, s_{22})+u_1(s_{12}, s_{22})+u_1(s_{12}, s_{21})] \\
& = \alpha[\beta\gamma s_{11}+\beta(1-\gamma)s_{12}+(1-\beta)\gamma s_{21}+(1-\beta)(1-\gamma)s_{22}] \\
& \quad +(1-\alpha)[\beta\gamma s_{11}+\beta(1-\gamma)s_{12}+(1-\beta)\gamma s_{21}+(1-\beta)(1-\gamma)s_{22}] \\
& = \alpha[\beta\gamma I_{igp}+\beta(1-\gamma)\cdot 0+(1-\beta)\gamma I_{igpn}+(1-\beta)(1-\gamma)\cdot 0] \\
& \quad +(1-\alpha)[\beta\gamma I_{idp}+\beta(1-\gamma)\cdot 0+(1-\beta)\gamma I_{idpn}+(1-\beta)(1-\gamma)\cdot 0] \\
& = \alpha[\beta\gamma I_{igp}+(1-\beta)\gamma I_{igpn}]+[1-\alpha](\beta\gamma I_{idp}+(1-\beta)\gamma I_{idpn})
\end{aligned}
$$

$$=\alpha\beta\gamma I_{igp}+\alpha(1-\beta)\gamma I_{igpn}+(1-\alpha)\beta\gamma I_{idp}+(1-\alpha)(1-\beta)\gamma I_{idpn}$$

中小水电站业主的期望收益为

$$E_2=(\theta_1,\ \theta_2)$$

$$=\alpha[u_2(s_{11},\ s_{21})+u_2(s_{11},\ s_{22})+u_2(s_{12},\ s_{22})+u_2(s_{12},\ s_{21})]$$

$$+(1-\alpha)[u_2(s_{11},\ s_{21})+u_2(s_{11},\ s_{22})+u_2(s_{12},\ s_{22})+u_2(s_{12},\ s_{21})]$$

$$=\alpha[\beta\gamma s_{11}+\beta(1-\gamma)s_{12}+(1-\beta)\gamma s_{21}+(1-\beta)(1-\gamma)s_{22}]$$

$$+(1-\alpha)(\beta\gamma s_{11}+\beta(1-\gamma)s_{12}+(1-\beta)\gamma s_{21}+(1-\beta)(1-\gamma)s_{22}]$$

$$=\alpha[\beta\gamma I_{ogp}+\beta(1-\gamma)(-C_{op})+(1-\beta)\gamma I_{ogpn}+(1-\beta)(1-\gamma)\cdot 0]$$

$$+(1-\alpha)[\beta\gamma I_{odp}+\beta(1-\gamma)(-C_{op})+(1-\beta)\gamma I_{odpn}+(1-\beta)(1-\gamma)\cdot 0]$$

$$=\alpha\beta\gamma I_{ogp}-\alpha\beta(1-\gamma)C_{op}+\alpha(1-\beta)\gamma I_{ogpn}+(1-\alpha)\beta\gamma I_{odp}$$

$$-(1-\alpha)\beta(1-\gamma)C_{op}+(1-\alpha)(1-\beta)\gamma I_{odpn}$$

$$=\alpha\beta\gamma I_{ogp}-\beta(1-\gamma)C_{op}+\alpha(1-\beta)\gamma I_{ogpn}+(1-\alpha)\beta\gamma I_{odp}+(1-\alpha)(1-\beta)\gamma I_{odpn}$$

经营性公共基础设施 PROT 项目融资购买阶段带熵博弈为

$$S_p=-K_p\sum_{j=1}^{n}P_{ij}\ln_{ij}P_{ij}$$

$$=-K_p\cdot\{(\alpha\cdot\beta\cdot\gamma)\cdot\ln(\alpha\cdot\beta\cdot\gamma)$$

$$+[(\alpha\cdot\beta\cdot(1-\gamma)]\cdot\ln[(\alpha\cdot\beta\cdot(1-\gamma)]$$

$$+[\alpha\cdot(1-\beta)\cdot\gamma]\cdot\ln[\alpha\cdot(1-\beta)\cdot\gamma]$$

$$+[\alpha\cdot(1-\beta)\cdot(1-\gamma)]\cdot\ln[\alpha\cdot(1-\beta)\cdot(1-\gamma)]$$

$$+[(1-\alpha)\cdot\beta\cdot\gamma]\cdot\ln[(1-\alpha)\cdot\beta\cdot\gamma]$$

$$+[(1-\alpha)\cdot\beta\cdot(1-\gamma)]\cdot\ln[(1-\alpha)\cdot\beta\cdot(1-\gamma)]$$

$$+[(1-\alpha)\cdot(1-\beta)\cdot(1-\gamma)]\cdot\ln[(1-\alpha)\cdot(1-\beta)\cdot(1-\gamma)]$$

$$+[(1-\alpha)\cdot(1-\beta)\cdot\gamma]\cdot\ln[(1-\alpha)\cdot(1-\beta)\cdot\gamma]\}$$

6.3　经营性公共基础设施 PROT 项目融资运营阶段带熵博弈

经营性公共基础设施 PROT 项目融资中不完全信息下的三方博弈，即社会投资者、政府和公众之间进行的博弈。政府在环境保护方面对社会投资者经营的中小水电站进行监督，公众和社会投资者之间对中小水电站的电价进行博弈，政府和公众之间对社会公共产品的使用问题进行博弈，如图 6-2 所示。

三方博弈过程中由于信息的不对称而产生的不同收益结果，即收益的概率反应了系统熵的大小。

假定社会投资者一般都是利益追逐者，经营的目的是实现自身利益的最大化。社会投资者在中小水电站经营过程中存在两种行动策略，一种是遵照相关法律与经营标准，提高在环境保护等方面的投入力度；另外一种是不按照规定经营，为了公

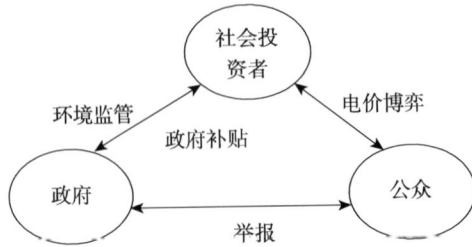

图 6-2　中小水电站 PROT 项目融资运营过程三方博弈框架图

司项目利益而对环境造成了破坏，并恶意提高电价。政府作为中小水电项目融资的
监督者和管理者将会有两种行动策略：一是根据国家相关法律和规定及自己的工作
职责对项目进行监督管理，保证项目的合法经营及与项目周边环境的和谐发展；二
是不严格进行监管，甚至利用政府职权进行寻租。公众作为项目的用户，对于电价
的变化可以选择继续使用或者其他方式解决，同时公众对社会的不满致使社会和谐
度下降，影响政府和社会投资者对项目的继续经营。因此，政府、社会投资者和公
众形成了一个三方之间的博弈，每一个参与方在进行行动选择时都应该考虑到其他
博弈参与方所进行的行动选择，并以某种概率分布随机的选择不同行动，所以，可
以借鉴用混合战略博弈来描述政府、社会投资者和公众之间的博弈。

　　在政府、社会投资者和公众的三方博弈分析中，重点研究了对于多方收益
（支付）都产生影响的策略。本书建立了三方博弈模型，在模型中研究了影响博弈
三方各自获益的各种收入和支出，并且对博弈各方收益（支付）都有影响的控制策
略开展研究[181～184]。

6.3.1　模型假设

　　政府、社会投资者和公众的三方博弈问题属于有三类参与方的非对称博弈，
因为存在三种类型的参与人，所以必须明确博弈只在不同类型的参与方之间
进行[185～188]。

　　用 $G=\{S_1, S_2, \cdots, S_n; u_1, u_2, \cdots, u_n\}$ 进行表述，在本模型中，$G=$
$\{S_1, S_2, \cdots, S_n; u_1, u_2, \cdots, u_n\}$。博弈的参与人集合：$i\in\Gamma$, $i=(1, 2,$
$3)$，参与人分别为政府部门（$i=1$）、社会投资者（$i=2$）和公众（$i=3$）。

　　每个参与人的战略空间：S_i, $i=1, 2, 3$; $S_i=(S_{i1}, S_{i2})$，其中政府部门
的行动策略描述为（监管，不监管）、社会投资者的行动策略描述为（遵法经营，
违法经营），公众的行动策略描述为（举报，不举报）。每个参与人的支付函数为
$u_i(s_1, s_2, s_3)$, $i=1, 2, 3$。

　　假定政府部门以概率 $p(0\leqslant p\leqslant1)$ 进行策略选择对中小水电站项目运营情况
进行检查，引进检查概率 p 的目的是为模拟实际监管的情况，p 值较高时表示

监管力度强，反之则差。特别的，当 $p=1$ 时表示实时、全面监管，$p=0$ 时表示不监管。监管的成本为：除了平时监管费用 $C_{gm}(A)$ 外，如果社会投资者违法经营，并且当政府监管不力时，出现经营事故的概率则会相应地提高，政府部门将不得不承担后期期望损失成本 $C_{ge}(B)$；如果政府部门在平时进行监管时，发现社会投资者在经营过程中的违规经营现象将对其进行罚款 $F_{gti}(C)$，同时对公众损失进行补偿 $P_{gtp}(D)$；当监管效果良好时则进行一系列的鼓励，社会投资者的奖励收益为 $R_{gti}(E)$。

　　假定社会投资者以概率 $q(0\leqslant q\leqslant1)$ 采取遵法经营的策略，同理，q 值的高低也将代表社会投资者违法经营的严重程度。社会投资者遵法经营时所得到的正常生产获益为 $I_{io}(L)$，而如果其采取违法经营的策略时，则节省相应环保投入成本或者获取额外收益合计为 $I_{wi}(M)$，同时如果被政府部门检查出，罚款为 $F_{gti}(C)$。如果是有公众举报给政府部门而罚款的一部分 $R_{gtp}(N)$ 奖励则给举报的公众。

　　假定公众以概率 $r(0\leqslant r\leqslant1)$ 进行举报策略选择，r 值的高低代表公众与周边项目、社会的和谐程度，r 值越高时和谐度越高，反之越低。公众举报的代价为 $C_{pp}(F)$，举报后由于成功获得政府的奖励为 $R_{gtp}(N)$。

6.3.2　参与方支付函数

根据以上基本假定可以得到各参与人的支付函数。
（1）政府部门的支付函数：
$$u_1(s_{11},\ s_{21},\ s_{31})=-A$$
$$u_1(s_{11},\ s_{21},\ s_{32})=-A$$
$$u_1(s_{11},\ s_{22},\ s_{32})=-A$$
$$u_1(s_{11},\ s_{22},\ s_{31})=-A-B$$
$$u_1(s_{12},\ s_{21},\ s_{31})=0$$
$$u_1(s_{12},\ s_{21},\ s_{32})=0$$
$$u_1(s_{11},\ s_{22},\ s_{31})=0$$
$$u_1(s_{11},\ s_{22},\ s_{31})=-B$$
（2）社会投资者的支付函数：
$$u_2(s_{11},\ s_{21},\ s_{31})=L$$
$$u_2(s_{11},\ s_{21},\ s_{32})=L$$
$$u_2(s_{11},\ s_{22},\ s_{32})=L$$
$$u_2(s_{11},\ s_{22},\ s_{31})=L$$
$$u_2(s_{12},\ s_{21},\ s_{31})=L+M-C$$
$$u_2(s_{12},\ s_{21},\ s_{32})=L+M$$

$$u_2(s_{11},\ s_{22},\ s_{31})=L+M$$
$$u_2(s_{11},\ s_{22},\ s_{31})=L+M$$

（3）公众的支付函数：

$$u_3(s_{11},\ s_{21},\ s_{31})=-F$$
$$u_3(s_{11},\ s_{21},\ s_{32})=-F+N$$
$$u_3(s_{11},\ s_{22},\ s_{32})=-F+D$$
$$u_3(s_{11},\ s_{22},\ s_{31})=-F$$
$$u_3(s_{12},\ s_{21},\ s_{31})=0$$
$$u_3(s_{12},\ s_{21},\ s_{32})=0$$
$$u_3(s_{11},\ s_{22},\ s_{31})=0$$
$$u_3(s_{11},\ s_{22},\ s_{31})=0$$

假定政府部门所采用的混合策略为 $\theta_1=(p,\ 1-p)$；社会投资者所采用的混合策略为 $\theta_2=(q,\ 1-q)$；公众所采用的混合策略为 $\theta_3=(r,\ 1-r)$。

6.3.3　参与方期望收益

博弈上述三方的期望收益分别为

$$E_1=(\theta_1,\ \theta_2,\ \theta_3),\ E_2=(\theta_1,\ \theta_2,\ \theta_3),\ E_3=(\theta_1,\ \theta_2,\ \theta_3)$$

下面以政府部门为例先计算其期望收益为

$$
\begin{aligned}
E_1=&(\theta_1,\ \theta_2,\ \theta_3)\\
=&p[qru_1(s_{11},\ s_{21},\ s_{31})+q(1-r)u_1(s_{11},\ s_{21},\ s_{32})\\
&+(1-q)(1-r)u_1(s_{11},\ s_{22},\ s_{32})+(1-q)ru_1(s_{11},\ s_{22},\ s_{31})]\\
&+(1-p)[qru_1(s_{12},\ s_{21},\ s_{31})+q(1-r)u_1(s_{12},\ s_{21},\ s_{32})\\
&+(1-q)(1-r)u_1(s_{12},\ s_{22},\ s_{32})+(1-q)ru_1(s_{12},\ s_{22},\ s_{31})]
\end{aligned}
$$

将政府部门的各支付函数带入上式，可得

$$
\begin{aligned}
E_1=&(\theta_1,\ \theta_2,\ \theta_3)\\
=&p[qr()+q(1-r)()+(1-q)(1-r)()+(1-q)r()]\\
&+(1-p)[qr()+q(1-r)()+(1-q)(1-r)()+(1-q)r()]
\end{aligned}
$$

同理可得社会投资者的期望收益为

$$
\begin{aligned}
E_2=&(\theta_1,\ \theta_2,\ \theta_3)\\
=&q[pr()+p(1-r)()+(1-p)(1-r)()+(1-p)r()]\\
&+(1-q)[pr()+p(1-r)()+(1-p)(1-r)()+(1-p)r()]
\end{aligned}
$$

公众的期望收益为

$$
\begin{aligned}
E_3=&(\theta_1,\ \theta_2,\ \theta_3)\\
=&r[qp()+q(1-p)()+(1-q)(1-p)()+(1-q)p()]\\
&+(1-r)[qp()+q(1-p)()+(1-q)(1-p)()+(1-q)p()]
\end{aligned}
$$

令 E_1、E_2、E_3 分别代表博弈三方政府、社会投资者和公众在纳什均衡下的期望支付，下面利用线性规划求解此博弈问题的均衡解三方博弈赢得值矩阵，如图 6-3 和图 6-4 所示。

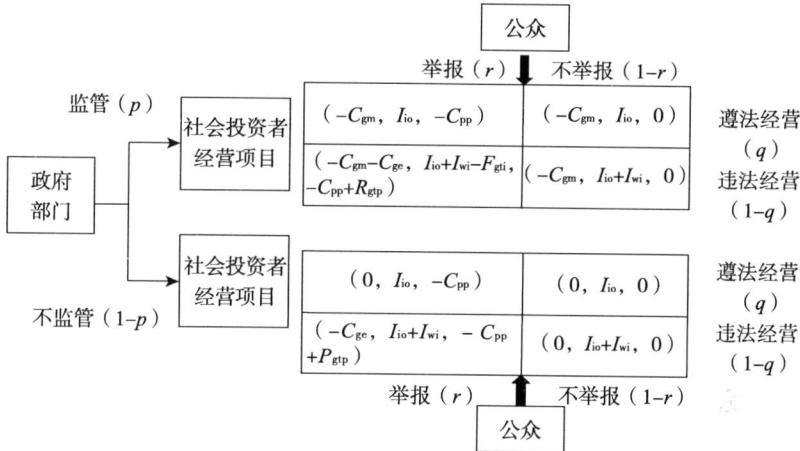

图 6-3　政府部门、社会投资者和公众三方博弈赢得值矩阵图（一）

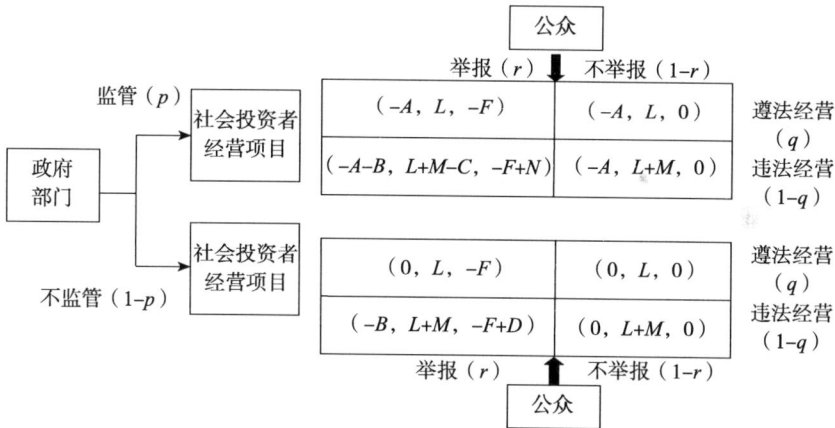

图 6-4　政府部门、社会投资者和公众三方博弈赢得值矩阵图（二）

$$\max Z = E_1(\theta_1, \theta_2, \theta_3) + E_2(\theta_1, \theta_2, \theta_3) + E_3(\theta_1, \theta_2, \theta_3) - E_1 - E_2 - E_3$$

$$\text{s. t.} \begin{cases} E_i(U_i, \theta_{-i}) \leqslant E_i, & i = 1, 2, 3 \\ E_i(D_i, \theta_{-i}) \leqslant E_i, & i = 1, 2, 3 \\ \theta_i^1 + \theta_i^2 = 1, & i = 1, 2, 3 \\ \theta_i^1, \theta_i^2 \geqslant 0, & i = 1, 2, 3 \end{cases}$$

本书中所建立的博弈模型是基于混合战略博弈所建立的，所以模型中各参与方的策略选取将采用对各方不同行动选择的概率方式进行表达，其模型变量如

表 6-3 所示。

表 6-3　PROT 项目融资带熵博弈模型变量表

序号	变量名称	变量值（支付函数值）	字母表示	变量初值	变量含义	备注
1	GMC	C_{gm}	A	2	政府部门平时监管成本	
2	GEC	C_{ge}	B	3	政府部门期望损失成本	由于政府部门监管不力造成
3	GTIF	F_{gti}	C	5	政府部门对社会投资者罚款	当监管发现违法经营时
4	GTPC	P_{gtp}	D	0.4	政府部门对公众损失补偿	由于社会投资者的违法经营造成
5	GTIR	R_{gti}	E	0.2	政府部门对社会投资者奖励	当监管发现很好时
6	IOI	I_{io}	L	10	社会投资者正常经营时的正常收益	
7	IWI	I_{wi}	M	4	社会投资者违法节省成本及其额外收益	
8	GTPR	R_{gtp}	N	0.5	政府对公众举报的奖励	$N<C$
9	PPC	C_{pp}	F	0.3	公众举报的代价或成本	$F<E$

经营性公共基础设施 PROT 项目融资经营阶段带熵博弈为

$$
\begin{aligned}
S_o =&-K_o\sum_{j=1}^{n}P_{ij}\ln_{ij}P_{ij}\\
=&-K_o\cdot\{(p\cdot q\cdot r)\cdot\ln(p\cdot q\cdot r)\\
&+[p\cdot q\cdot(1-r)]\cdot\ln[p\cdot q\cdot(1-r)]\\
&+[p\cdot(1-q)\cdot r]\cdot\ln[p\cdot(1-q)\cdot r]\\
&+[p\cdot(1-q)\cdot(1-r)]\cdot\ln[p\cdot(1-q)\cdot(1-r)]\\
&+[(1-p)\cdot q\cdot r]\cdot\ln[(1-p)\cdot q\cdot r]\\
&+[(1-p)\cdot q\cdot(1-r)]\cdot\ln[(1-p)\cdot q\cdot(1-r)]\\
&+[(1-p)\cdot(1-q)\cdot(1-r)]\cdot\ln[(1-p)\cdot(1-q)\cdot(1-r)]\\
&+[(1-p)\cdot(1-q)\cdot r]\cdot\ln[(1-p)\cdot(1-q)\cdot r]\}
\end{aligned}
$$

6.4　本章小结

本章运用带熵博弈理论，从各利益相关方之间博弈的视角分析 PROT 项目融资模式，着重分析了购买阶段和运行阶段的博弈问题，为第 7 章的仿真模拟奠定基础。

第 7 章

经营性公共基础设施 PROT 项目融资动态综合集成管理仿真模型

PROT 项目融资综合集成管理模式在一定程度上有效地解决了经营性公共基础设施项目融资过程中遇到的问题，但是项目融资的过程是动态、不断变化的，为了更加形象地对其进行科学描述，更深入地研究经营性公共基础设施 PROT 项目融资模式，所以用动态的视角和仿真的思维对其进行研究。本章在第 6 章带熵博弈和第 5 章的 PROT 项目融资熵基础上，借助目前比较流行的社会科学仿真软件 NetLogo 对这一过程进行仿真模拟，从而尝试实现经营性公共基础设施 PROT 项目融资的动态综合集成管理。

本章首先介绍了一些常用的仿真软件，通过比较分析并结合实际情况，选用了 NetLogo 作为仿真平台；其次对仿真模型的运行环境进行了设定，为保证模型的有效性，对模型进行了假定；最后对 PROT 项目融资的购买阶段和运营阶段进行了仿真，并对其结果进行了仿真结果分析。

7.1 常用仿真工具

目前基于 Agent 模型较为成熟的仿真平台主要有 Swarm、Repast、Mason 和 NetLogo[189,190]。Swarm 是第一个结合框架和类库的仿真平台，由圣塔菲研究所研发，主要是帮助研究者可以更易、更快地构建 Agent 模型。Swarm 又可以分为 Object-C Swarm 和 Java Swarm，区别在于前者是 Object-C 类库，后者是 Java 类库。由于 Swarm 刚开始着重于 Object-C 类库，因此对于偏爱 Java 的研究者来说使用起来不是很方便，为此几个年轻人组成一个团队开发了完全用 Java 实现的 Swarm，这就是 Repast，后来这个团队不断完善 Repast 使其界面和功能使用起来更方便。Swarm 与 Repast 的关系有点类似于 Unix 系统和 Windows 系统之间的关系。最近 Mason 作为一个新的 Java 平台也被研究者青睐。NetLogo 相对于前面三种仿真平台而言，其最大的特点是编程语言在目前所用仿真平台中是最高级的，即其使用 Logo 语言。Logo 语言不同于 C 语言和 Java 语言，它非常接近人类的自然语言，因此对于不懂编程知识的社会学家来说也较易学习。

上述这四种仿真平台之所以被广大研究者青睐，主要是因为它们在不妨碍仿真模型复杂性的情况下提供标准的 Agent 模型设计和编程工具，当然它们也有各自的优缺点。前三种仿真平台的优点非常明显，那就是它们非常强大，几乎可以实现任一模型的设计。然而正是这一优点导致了它们自身比较复杂，从而使研究者望而生畏，加上它们也没有提供足够多的辅助工具来帮助研究者开发它们的模型，因此一般只有具有较好编程经验的研究者才使用这三种仿真平台。

虽然 NetLogo 仿真平台的功能没有前面三种仿真平台强大，但经过多年的发展和完善，其已经变得非常复杂，基本上可以实现各种复杂的功能，同时还保持易用性和易学性，尤其是其编程非常简单，因此 NetLogo 已成为使用率最高的仿真平台。

7.1.1　StarLogo

StarLogo[191] 是 MIT（Massachusettes Institute of Technology，即麻省理工学院）的媒体实验室（Media Laboratory）和教师教学系统（Teacher Education Program）在 1989～1990 年开发的一个可编程的建模环境。StarLogo 属于早期研发的基于 Agent 模型的建模程序，虽然其功能简单，还算不上是一个完整的建模仿真平台，但是 StarLogo 很好地体现了这种新的建模思想，且易于学习，适合于初学者。

StarLogo 中有两类实体，即海龟（turtle）和点（patch）。海龟是指用户创建的主体，点是指画布（canvas）上固定的一个个小方格，可以对海龟和点的行为及属性进行编程。海龟和点的主要固有属性是颜色和坐标，也可以另给它们定义一些新的属性，程序运行时所有的海龟和点都与系统规定的时间同步并行运转。StarLogo 就是通过海龟和点的交互运作来模拟现实世界的运转。StarLogo 可以运行于 Windows、Mac 和 Unix 等多种操作系统上。

7.1.2　NetLogo

NetLogo[192] 是由美国西北大学的 CCI（center for connected learning and computer-based modeling，即连接学习与计算机建模中心）研发的，从 2002 年 5 月开始正式推出第 1 版起，先后推出了多个版本，继在 2004 年 8 月推出一个版本后，最新的版本是 Version2.1，其是在 2004 年 12 月 13 日推出。目前许多建模者都很青睐 NetLogo，其可以说是 StarLogo、MacStarLogo、StarLogoT 的后代产品，它继承了 StarLogo 语法简单等许多优点，增加了许多重要的新特征和接口，功能上也完善很多，其模拟库更是涉及各个领域。NetLogo 虽然推出才两年多的时间，但其发展可谓十分蓬勃，几乎每隔几个月就会发布新的版本，近来的版本融合了 HubNet 的最新技术，由于 HubNet 实现了网络功能，从而使 NetLogo 不仅可用于科学研究，而且还可以供老师和学生在课堂的网络教学环境中使用。NetLogo 用 Java 语言写成，能够运行于 Mac、Windows、Linux 等多种平台，单个的模型还可以用 Java 应用的形式在 web 浏览器中运行。

7.1.3　Swarm

Swarm[193]是圣塔菲研究所（Santa Fe institute，SFI）于 1995 年开始研制的建模平台。SFI 希望通过建立 Swarm 系统，给研究人员提供一套标准、灵活、可靠的软件工具。

1995 年，SFI 发布了 Swarm 的 beta 版，1998 年 4 月发布的 Swarm 1.1 版可以在 Windows95/ 98/ NT 操作系统上运行，1999 年发布的 Swarm 2.0 版提供了对 Java 的支持，目前最新版是 Swarm 2.1.1。

Swarm 仿真平台是一个基于 Agent 建模的标准软件工具集，它定义了通用的模拟框架，研究人员可以在这个框架中定义自己的应用。Swarm 是使用 Objective C 语言开发的，在早期的版本中编 Swarm 的应用程序也用 Objective C，从 Swarm 2. 0 版开始提供对 Java 语言的支持，将来可能支持 JavaScript、C++、Python、Perl 等语言。Swarm 的最新版本 Swarm 2.1.1 可以在不同版本的 Unix、Lin2ux 和 Windows 环境下运行。

7.1.4　Repast

Repast[194]（Recursive Porous Agent SimulationToolkit，即递归代理仿真控件）是芝加哥大学的社会科学计算研究中心希望有一个比 Swarm 更方便的模拟软件来满足他们的较短的学习周期的需要而设计的一个基于 Agent 模型的"类 Swarm"的模拟软件架构。

Repast 最主要的特点是底层结构的抽象性、很强的可扩展性和良好的表现能力。它提供了一系列的类库，用来生成、运行、显示模型并收集模型的有关数据，同时还能够对运行中的模型进行"快照"及生成模型运行的影像资料。Repast 含有近 130 个类，这些类被封装在 6 个库中，此外还有很多模拟模型实例，其典型模型包括两个类。Repast 是用 Java 语言写成的，因此可以在 Windows 和 Unix 操作系统上运行。

7.2　基于 NetLogo 的经营性公共基础设施 PROT 项目融资动态综合集成管理仿真模型构建

7.2.1　仿真模型运行环境

在综合考虑 Swarm，Repast，NetLogo，StartLogo 等软件的基础上，本书采用了 NetLogo 作为项目融资综合集成管理仿真的工具，这是基于以下几个方面的原因。

一是 NetLogo 可扩展性和兼容性较好，能够方便地和其他软件、工具有机地结合在一起使用，便于仿真模拟。二是 NetLogo 编程语言比较接近机器编程语言，这和大部读者的计算机基础比较相近，便于仿真程序的编写，有利于仿真效果的实现。三是 NetLogo 有可视二维和三维视图，可以很立体地观察模拟的过程，并且较形象地了解各仿真主体之间的变动情况。四是 NetLogo 是研究社会科学和自然现象的可编程自主仿真平台，而 PROT 项目融资本身就属于社会科学的范畴，利用 NetLogo 有助于更贴切、更深入地对其进行研究。五是利用 NetLogo 可以将项目融资熵作为系统模拟的输出变量，从而可以方便地观察在 PROT 项目融资过程中系统熵的变化情况，从而实现 PROT 项目融资的综合集成管理。本书采用了目前 NetLogo 的最新版本 NetLogo 5.0.2 作为仿真模拟的仿真平台。

7.2.2　模型假设

PROT 项目融资是一个复杂的巨系统，牵涉的利益相关方比较多，项目进行的时间跨度较长，各利益相关方之间由于各自利益的关系会产生各种矛盾，各利益相关方内部还有自己的组织系统，因此为了系统的仿真模拟能够科学、可靠地运行，本仿真模型做了以下模型假设。

(1)PROT 项目融资系统涉及的利益相关方主要有业主、社会投资者、政府、金融机构、公众、材料供应商、运营商等。为了简化模型，在购买(P)阶段，只讨论业主和社会投资者两个仿真主体，其他的不再作为主要考虑对象；在经营(O)阶段，本书只讨论社会投资者、政府和公众这三个比较重要的利益相关方作为仿真主体。

(2)PROT 项目融资涉及购买、升级改造、运营、移交四个主要阶段，由于精力和时间有限，本书主要研究购买和运营这两个阶段的仿真模拟情况。

(3)各仿真主体都按照自己的规则，以保证自身利益最大化为目标，通过系统内部的协调机制来实现系统整体利益的最优化。

（4）为了研究 PROT 项目融资的一些共性问题，本书研究的是一类采用此融资模式的项目，而不是单单研究一个项目。

（5）PROT 项目融资仿真模拟由于受仿真软件及运行环境的限制，每次仿真模拟的结果均存在一定的差异性，但这个差异性一般都比较小，不影响最终仿真的结果。

7.2.3　仿真模型研究阶段

前文已经提及为了研究的方便，本书只研究 PROT 项目融资中购买和经营这两个阶段的仿真模拟情况。

（1）对购买阶段的业主和社会投资者之间进行的仿真模拟，在这个阶段主要研究二者之间究竟是如何实现购买过程的。为了保证研究结果的广泛性，本书研究了一类项目的购买仿真过程，通过分析项目本身的优良程度、业主的心理（对项目包装还是不包装）、购买者（社会投资者）的购买动机等，分析项目融资过程中系统熵的大小，从而为以后项目融资提供借鉴。

（2）在项目融资的经营阶段，由于该阶段涉及的利益相关方比较多，本书只选取了其中三个重要的利益相关方，如社会投资者、政府和公众作为仿真分析的主体。通过公众的举报与不举报、政府的检查与不检查、社会投资者的遵纪守法与否等对项目运营过程进行仿真模拟。

7.3　基于 NetLogo 的经营性公共基础设施 PROT 项目融资综合集成管理仿真模型——购买阶段

7.3.1　仿真模型简介

该阶段仿真模型中，为了模拟的形象化，用人代表海龟的形象，sky 颜色的人代表社会投资者；用瓦片代表业主，不同颜色的 patches 表示具有不同属性的项目业主，即分别用四种颜色：green，violet，yellow，pink 来表示 good and package 的项目业主，ungood and package 的项目业主，ungood and unpackage 的项目业主，good and unpackage 的项目业主。

7.3.2　仿真参数设定

仿真系统中总的社会投资者为 100，可以通过滑动按钮调节（范围为 0～100，也可以更改设置该值）。项目业主的项目是好的概率（rate-of-good）可以通过滑动按钮进行调节（范围在 0～100％），项目业主对项目包装的概率（rate-of-package）也可以通过滑动按钮进行调节（范围在 0～100％）。

当模型初始化后，仿真系统模型会根据参数（number-investor，即社会投资者数量）生成 number-investor 个 green 的社会投资资者，并且分别位于 white 的 patch 中央，同时根据参数（rate-of-good，rate-of-package）设定值赋予四种不同的项目业主数量，即 green 所代表的 good and package 的项目业主，violet 所代表的 ungood and package 的项目业主，yellow 所代表的 ungood and unpackage 的项目业主，pink 所代表的 good and unpackage 的项目业主。

7.3.3　仿真运行过程

仿真开始运行后，社会投资者开始移动，遇到合适的项目业主就达成购买协议。如果遇到的合适的项目业主颜色是 green，则项目业主颜色变为 black，同时社会投资者的颜色变为 red；

如果遇到的合适的项目业主颜色是 yellow，则项目业主颜色变为 black，同时社会投资者的颜色变为 orange；

如果遇到的合适的项目业主颜色是 violet，则项目业主颜色变为 black，同时社会投资者的颜色变为 pink；

如果遇到的合适的项目业主颜色是 pink，则项目业主颜色变为 black，同时社会投资者的颜色变为 brown；

如果遇到的不合适的项目业主颜色是 green，则项目业主颜色变为 black，同时社会投资者的颜色变为 gray；

如果遇到的不合适的项目业主颜色是 yellow，则项目业主颜色变为 black，同时社会投资者的颜色变为 lime；

如果遇到的不合适的项目业主颜色是 violet，则项目业主颜色变为 black，同时社会投资者的颜色变为 violet；

如果遇到的不合适的项目业主颜色是 pink，则项目业主颜色变为 black，同时社会投资者的颜色变为 magenta。

仿真运行的同时，通过画笔来实时绘出仿真模拟系统中总的社会投资者数量、四种达成购买协议的社会投资者数量、四种未达成购买协议的社会投资者数量的变化情况及整个仿真系统熵（entropy-calculation）的变化情况。因此，可以根据系统熵的变化情况，通过调节仿真系统中各参数（number-investor、rate-of-good、rate-of-package 等）来调整整个仿真系统熵的大小，从而实现基于 NetLogo 和管理熵的 PROT 项目融资动态综合集成管理。

7.3.4　仿真程序

详见附录 A。

7.3.5　仿真结果分析

1. 单变量参数变化情况

(1)当参数 number-investor 变化，其他参数不变时，所得到的仿真结果有 7 种情况，如图 7-1～图 7-7 所示。

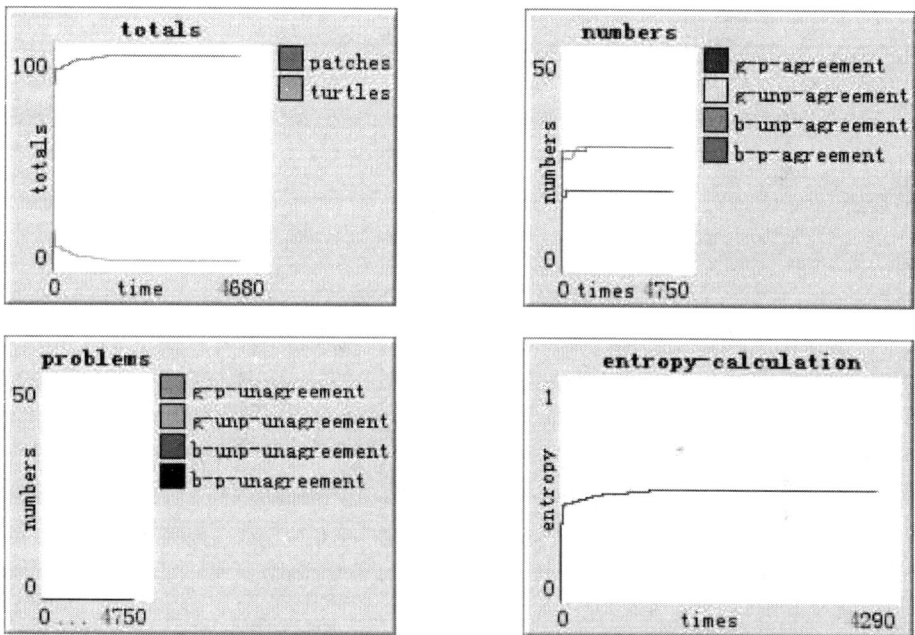

图 7-1　仿真结果 1

注：number-investor＝100，rate-or-good＝50％，rate-or-package＝50％

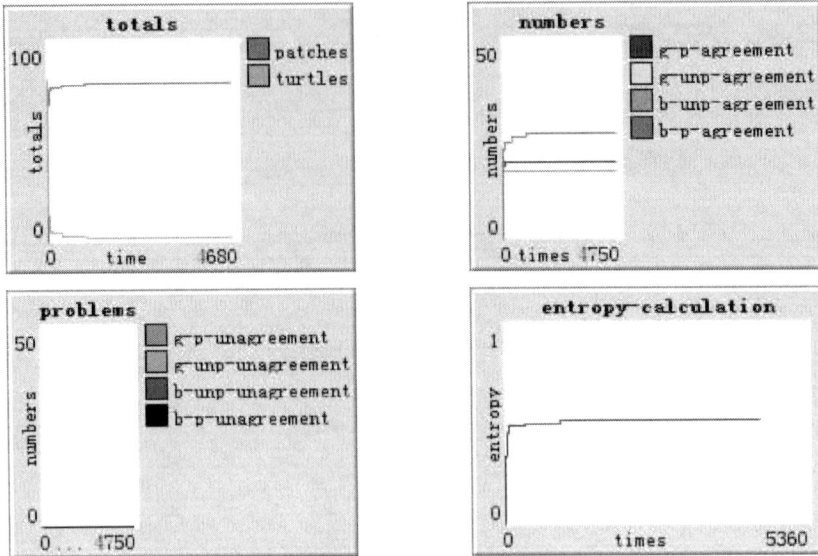

图 7-2　仿真结果 2

注：number-investor＝80，rate-or-good＝50％，rate-or-package＝50％

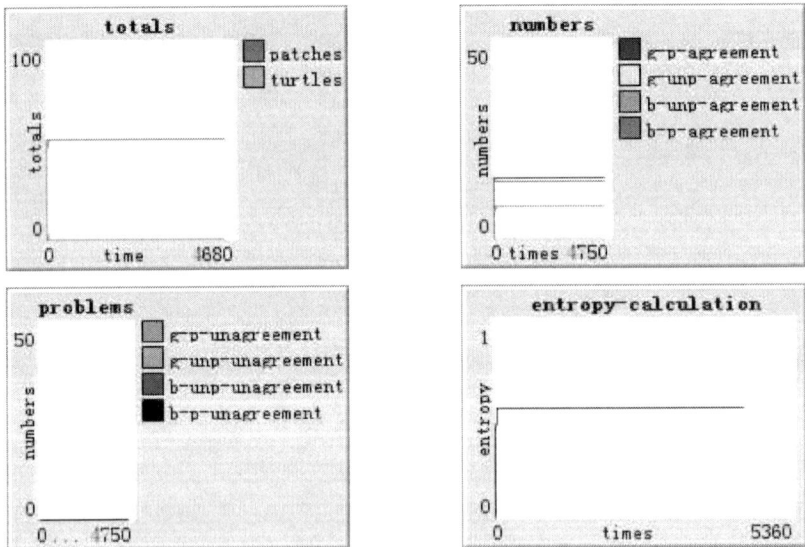

图 7-3　仿真结果 3

注：number-investor＝50，rate-or-good＝50％，rate-or-package＝50％

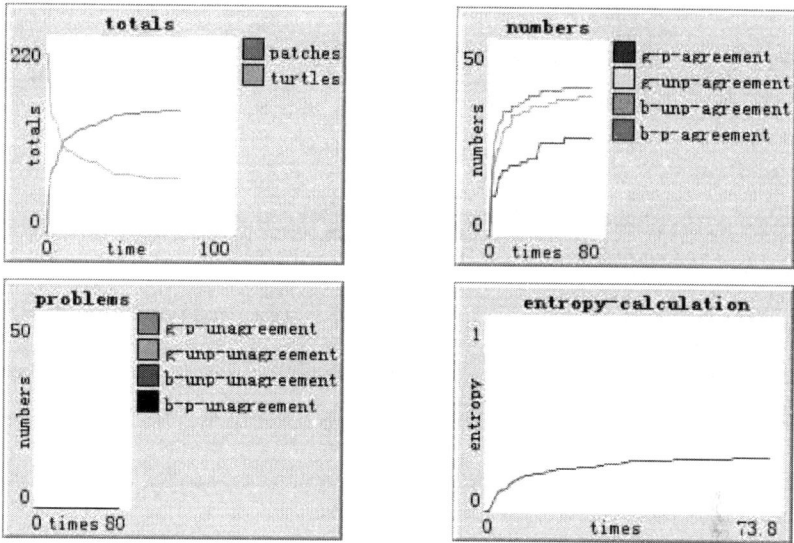

图 7-4　仿真结果 4

注：number-investor＝20，rate-or-good＝50％，rate-or-package＝50％

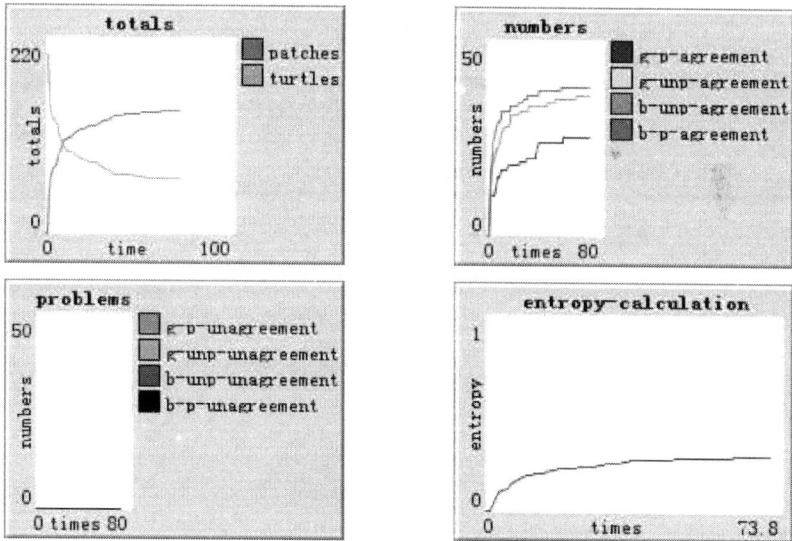

图 7-5　仿真结果 5

注：number-investor＝200，rate-or-good＝50％，rate-or-package＝50％

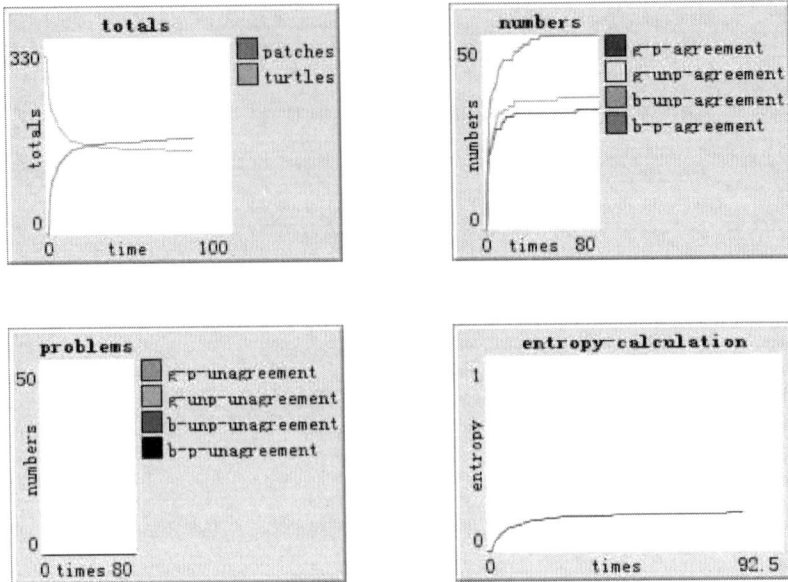

图 7-6　仿真结果 6

注：number-investor＝300，rate-or-good＝50％，rate-or-package＝50％

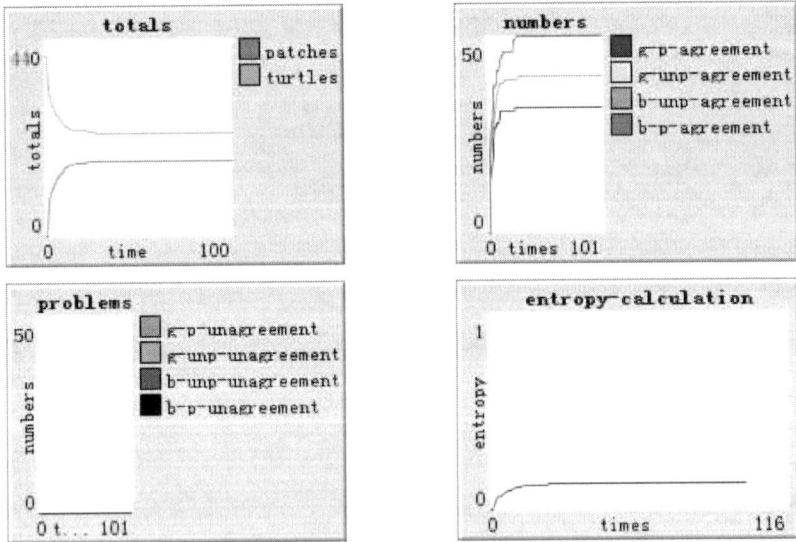

图 7-7　仿真结果 7

注：number-investor＝400，rate-or-good＝50％，rate-or-package＝50％

对以上仿真结果分析：从上面的图可以看出，当 rate-or-good＝50％，rate-or-package＝50％并不发生变化，number-investor 从 20 一直变化到 400 时，系统熵值参数在 0.13、0.19、0.35、0.48、0.54、0.61 中进行变化，说明随着仿真系统中社会投资者的增加，系统熵逐渐增加，在项目业主一定的情况下，社会投资者的增加使达成协议的可能性下降，系统熵从而上升。

（2）当 number-investor 不变，rate-or-package＝50％不变，参数 rate-or-good 发生变化时，所得到的仿真结果有 5 种情况，如图 7-8～图 7-10 所示。

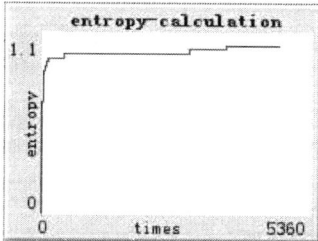
（a）

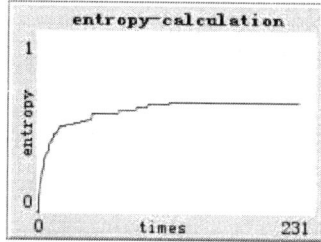
（b）

图 7-8　仿真结果 8
注：（a）rate-or-good＝100％；（b）rate-or-good＝80％

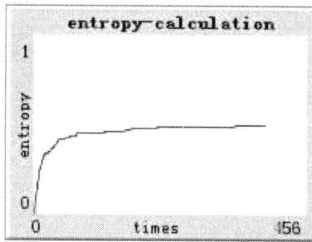
（a）

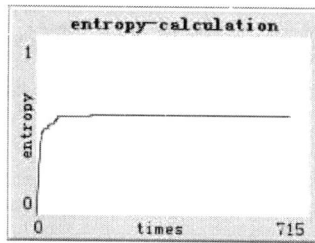
（b）

图 7-9　仿真结果 9
注：（a）rate-or-good＝50％；（b）rate-or-good＝20％

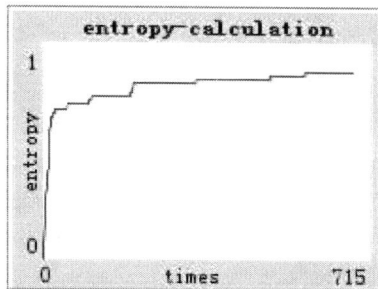

图 7-10　仿真结果 10
注：rate-or-good＝0

当 rate-or-good 从 0～100％变化时，系统熵值参数在 1.02、0.70、0.51、0.61、1.09 中进行变化，呈现出先降低后升高的趋势。随着仿真系统中项目业主拥有较好项目的减少，社会投资者想争取较多好资源的可能性增加，达成协议的可能性增加，系统熵逐渐减少；但当项目业主拥有较好项目减少到一定程度时，项目的质量引起了社会投资者的担忧，社会投资者对项目心存芥蒂，增加了购买时的考虑与成本，导致系统熵又逐渐增加。

（3）当 number-investor 不变，rate -or-good＝50％不变，参数 rate-or-package 发生变化时，所得到的结果有 5 种情况，如图 7-11～图 7-13 所示。

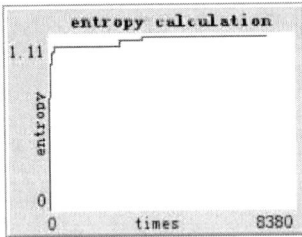
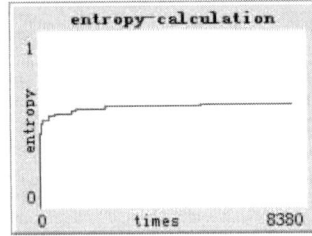

（a）　　　　　　　　　　　　　　　　（b）

图 7-11　仿真结果 11

注：(a)rate-or-package＝100％；(b)rate-or-package＝80％

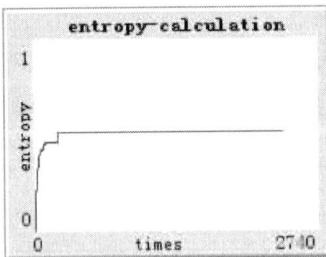
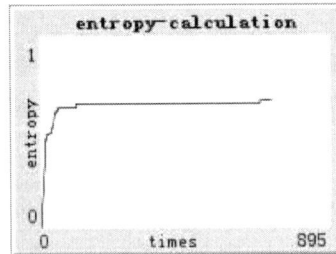

（a）　　　　　　　　　　　　　　　　（b）

图 7-12　仿真结果 12

注：(a)rate-or-package＝50％；(b)rate-or-package＝20％

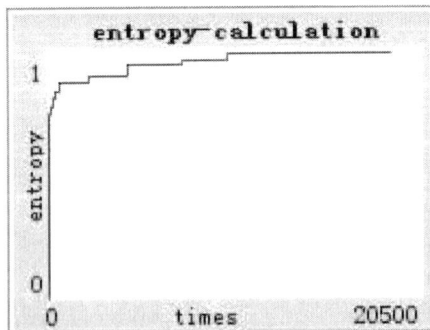

图 7-13　仿真结果 13

注：rate-or-package＝0

当 rate-or-package 从 0～100％变化时，系统熵值参数在 0.98、0.70、0.51、0.58、1.09 中进行变化，呈现出先降低后升高的趋势。随着仿真系统中项目业主包装项目的减少，项目交易的可能性增加，达成协议的可能性增加，系统熵逐渐减少；但当项目业主包装项目减少到一定程度时，社会投资者对项目不太满意，增加了购买时的考虑与成本，导致系统熵又逐渐增加。

2. 多变量参数变化情况

(1) 当 number-investor 不变，参数 rate-or-good 在 0～100％变化，参数 rate-or-package 也在 0～100％变化时，所得到的仿真结果如图 7-14～图 7-16 所示。

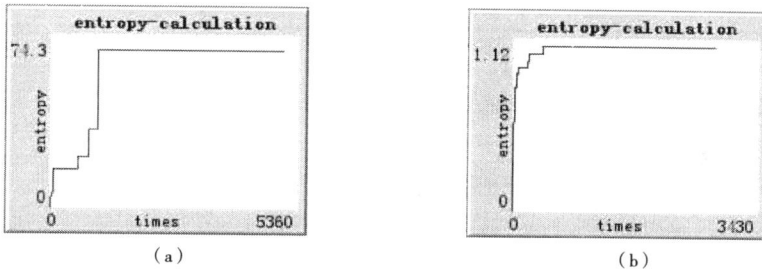

(a)　　　　　　　　　　(b)

图 7-14　仿真结果 14

注：(a)rate-or-good＝0，rate-or-package＝0；(b)rate-or-good＝20％，rate-or-package＝20％

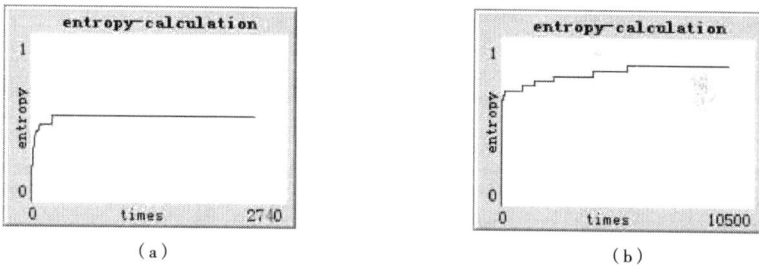

(a)　　　　　　　　　　(b)

图 7-15　仿真结果 15

注：(a)rate-or-good＝50％，rate-or-package＝50％；(b)rate-or-good＝80％，rate-or-package＝80％

(2) 当 number-investor 不变，参数 rate-or-good 在 0～100％变化，参数 rate-or-package 也在 100％～0 变化时，所得到的仿真结果如图 7-17～图 7-19 所示。

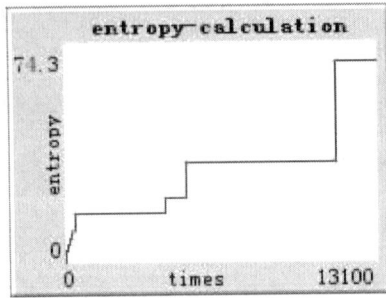

图 7-16　仿真结果 16

注：rate-or-good＝100％，rate-or-package＝100％

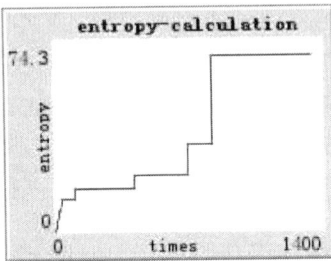

（a）

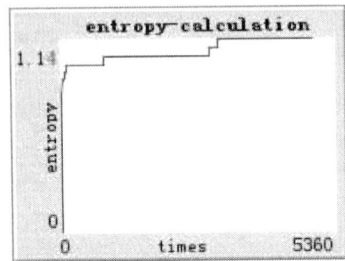

（b）

图 7-17　仿真结果 17

注：(a)rate-or-good＝0，rate-or-package＝100；(b)rate-or-good＝20％，rate-or-package＝80％

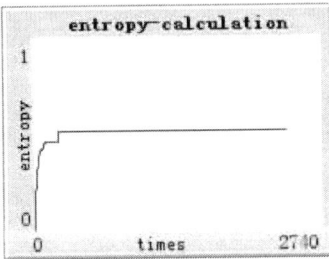

（a）

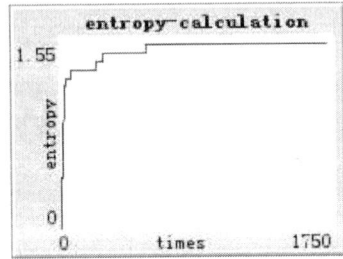

（b）

图 7-18　仿真结果 18

注：(a)rate-or-good＝50％，rate-or-package＝50％；(b)rate-or-good＝80％，rate-or-package＝20％

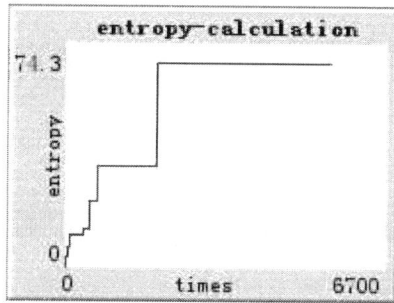

图 7-19　仿真结果 19

注：rate-or-good＝100％，rate-or-package＝0

7.4　基于 NetLogo 的经营性公共基础设施 PROT 项目融资综合集成管理仿真模型——运营阶段

7.4.1　仿真模型简介

该阶段仿真模型中，有三类主体，分别是社会投资者、政府、公众。为了模拟的形象化与逼真性，用人代表海龟的形象，用 police 代表政府，用 person 代表公众，用瓦片代表经营项目的社会投资者。

为了研究的方便性，同时也与上一章的带熵博弈统一起来，假定社会投资者存在两种情况：一是遵法守法(用绿色的瓦片表示)，一是违法守法(用紫色的瓦片表示)；公众也有两类：一类是对项目的运营举报(用红色的人表示)，一类是不举报(用绿色的人表示)；政府也有两种：一种是履行监管职责(用黄色的警察表示)，一种是不履行监管职责(用粉红色的警察表示)。

7.4.2　仿真参数设定

仿真系统中总的经营项目的社会投资者为 100，可以通过滑动按钮调节(范围为 0～100，也可以更改设置该值)；公众数量(number-public)为 100，可以通过滑动按钮调节(范围为 0～100，也可以更改设置该值)；政府数量(number-government)为 100，可以通过滑动按钮调节(范围为 0～100，也可以更改设置该值)。社会投资者遵法守法的概率(rate-of-compliance)可以通过滑动按钮进行调节(范围在 0～100％)，公众举报的概率(rate-of-report)也可以通过滑动按钮进行调节(范围在 0～100％)，政府监管的概率(rate-of-government)也可以通过滑动按钮进行调节(范围在 0～100％)。

当模型初始化后，仿真系统会首先生成 white 颜色的瓦片代表经营项目的社会投资者，然后根据参数投资者数量（number-investor）和投资者遵法守法的比率分别生成 green 所代表的遵法守法者和 violet 所代表的违法守法者。根据参数公众数量生成 sky 所代表的公众，然后再结合参数公众举报的概率生成 red 所代表的举报者和 green 所代表的不举报者。根据参数政府数量生成 red 的政府，然后再结合参数政府监管的概率生成 yellow 所代表的监管者和 pink 所代表的不监管者。

7.4.3 仿真运行过程

仿真开始运行后，公众首先开始移动，遇到相应的社会投资者经营的项目就采取举报或者不举报的动作。

如果公众的颜色是 red，遇到遵法的项目社会投资者，则相应的 patch 颜色变成 gray。

遇到违法的项目社会投资者，则相应的 patch 颜色变成 brown；

如果公众的颜色是 green，遇到遵法的项目社会投资者，则相应的 patch 颜色变成 turquoise；遇到违法的项目社会投资者，则相应的 patch 颜色变成 cyan；

然后，政府根据公众的行为（举报或者不举报），开始移动，采取下一步的行动：

如果政府的颜色是 yellow，则会根据不同的情况变成颜色：orange、blue、sky、lime，相应的 patch 的颜色变成：black、magenta、lime、sky。

如果政府的颜色是 pink，则会根据不同的情况变成颜色：magenta、black、green、violet，相应的 patch 的颜色变成：blue、orange、red、pink。

政府做完相应动作之后，就处于采取动作的 patch 中央不动，而公众则移动到附件的颜色为 white 的 patch 上。

仿真运行的同时，通过画笔来实时绘出仿真模拟系统中未采取动作的政府和公众的数量、四种举报的公众数量、四种不举报的公众数量的变化情况以及整个仿真系统熵的变化情况。因此，可以根据系统熵的变化情况，通过调节仿真系统中各参数（如 number-investor、number-government、number-public、rate-of-report、rate-of-compliance、rate-of-government）来调整整个仿真系统熵的大小，从而实现基于 NetLogo 和管理熵的 PROT 项目融资动态综合集成管理。

7.4.4 仿真程序

详见附录 B。

7.4.5 仿真结果分析

1. 单变量参数变化情况

（1）当 number-investor 变化，其他参数不变时，所得到的仿真结果如图 7-20～图 7-24 所示。

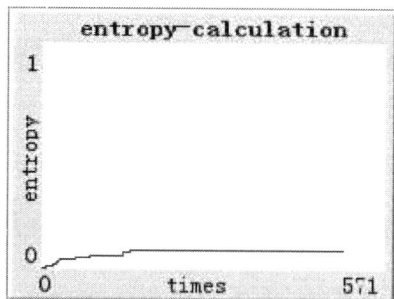

图 7-20 仿真结果 20

注：number-investor＝100，number-public＝50，
number-government＝50，
rate-of-report＝50％，rate-of-government＝50％，
rate-of-compliance＝50％

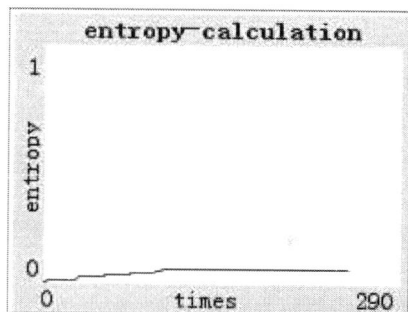

图 7-21 仿真结果 21

注：number-investor＝80，number-public＝50，
number-government＝50，
rate-of-report＝50％，rate-of-government＝50％，
rate-of-compliance＝50％

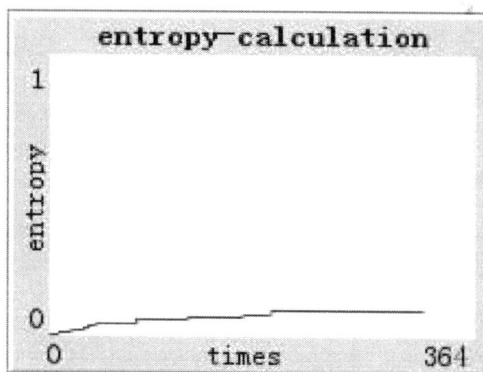

图 7-22 仿真结果 22

注：number-investor＝50，number-public＝50，number-government＝50，
rate-of-report＝50％，rate-of-government＝50％，rate-of-compliance＝50％

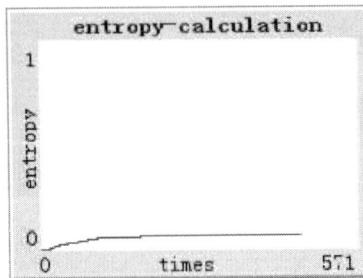

图 7-23　仿真结果 23

注：number-investor＝20，number-public＝50，number-government＝50，
rate-of-report＝50％，rate-of-government＝50％，rate-of-compliance＝50％

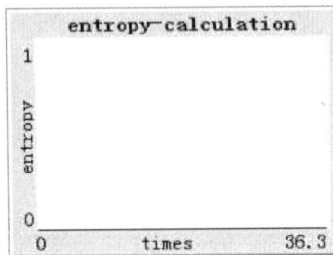

图 7-24　仿真结果 24

注：number-investor＝0，number-public＝50，number-government＝50，
rate-of-report＝50％，rate-of-government＝50％，rate-of-compliance＝50％

number-investor 从 100 逐渐减少到 0，系统熵从 0.081、0.066、0.085 到 0.066，逐渐的变化，随着社会投资者经营项目的减少，系统熵先减少再增加最后变为 0。

（2）当 number-public 变化，其他参数不变时，所得到的仿真结果如图 7-25～图 7-29 所示。

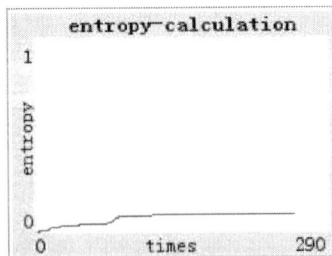

图 7-25　仿真结果 25

注：number-public＝100，number-investor＝50，number-government＝50，
rate-of-report＝50％，rate-of-government＝50％，rate-of-compliance＝50％

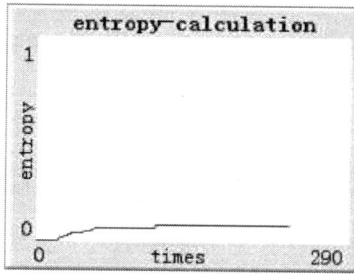

图 7-26　仿真结果 26

注：number-public＝80，number-investor＝50，number-government＝50，
rate-of-report＝50％，rate-of-government＝50％，rate-of-compliance＝50％

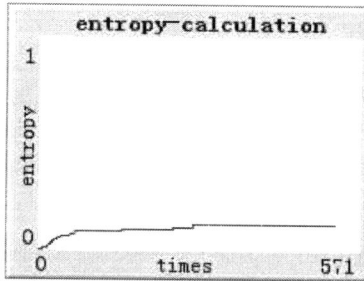

图 7-27　仿真结果 27

注：number-public＝50，number-investor＝50，number-government＝50，
rate-of-report＝50％，rate-of-government＝50％，rate-of-compliance＝50％

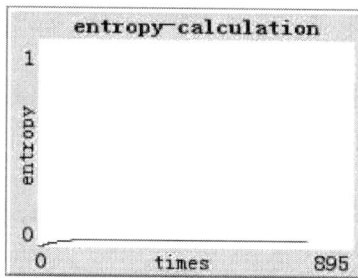

图 7-28　仿真结果 28

注：number-public＝20，number-investor＝50，number-government＝50，
rate-of-report＝50％，rate-of-government＝50％，rate-of-compliance＝50％

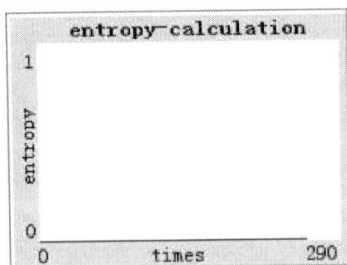

图 7-29　仿真结果 29

注：number-public=0，number-investor=50，number-government=50，

rate-of-report=50％，rate-of-government=50％，rate-of-compliance=50％

number-public 从 100 逐渐减少到 0，系统熵从 0.081、0.077、0.117、0.033、0，逐渐的变化，随着社会投资者经营项目的减少，系统熵先减少再增加最后变为 0。

（3）当 number-government 变化，其他参数不变时，所得到的仿真结果如图 7-30～图 7-33 所示。

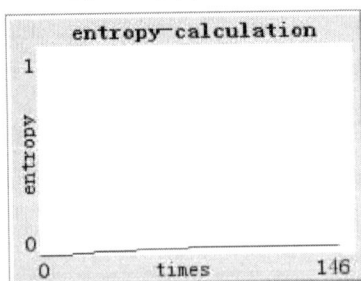

图 7-30　仿真结果 30

注：number-government=100，number-public=50，
number-investor=50，rate-of-report=50％，rate-
of-government=50％，rate-of-compliance=50％

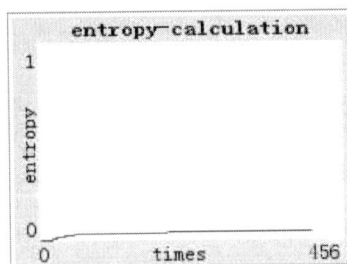

图 7-31　仿真结果 31

注：number-government=80，number-public=50，
number-investor=50，rate-of-report=50％，rate-
of-government=50％，rate-of-compliance=50％

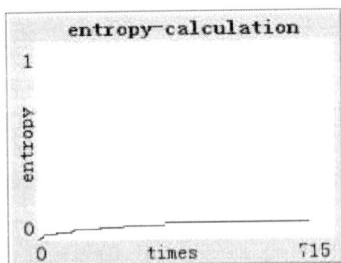

图 7-32　仿真结果 32

注：number-government=50，number-public=50，
number-investor=50，rate-of-report=50％，rate-
of-government=50％，rate-of-compliance=50％

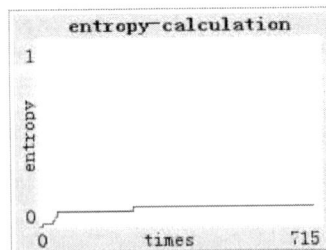

图 7-33　仿真结果 33

注：number-government=20，number-public=50，
number-investor=50，rate-of-report=50％，rate-
of-government=50％，rate-of-compliance=50％

7.5　本章小结

本章借助多 Agent 技术和方法，建立经营性公共基础设施 PROT 项目融资霍尔三维模式集成管理仿真模型，从而建立 PROT 项目融资霍尔三维模式的动态综合集成管理机制。

第 8 章

案例应用研究

8.1 项目简介

8.1.1 项目概况

ABC 水电站位于云南省思茅地区景谷县境内的某下游河段。工程区地貌属中等切割的中山构造侵蚀地貌类型。区域内褶皱、断裂发育,地震基本烈度为Ⅶ度。流域气候属亚热带季风气候区,年平均气温为 15.8~20.2℃,多年年平均降雨量为 1 200~1 600 毫米。电站坝址以上流域面积 3 528 平方千米,坝址多年年平均流量 71.1 立方米/秒,多年平均年径流量 22.42×10⁸ 立方米。坝址多年平均含沙量 1.594 千克/立方米,悬移质输沙量 358×10⁴ 吨,推移质输沙量 35.8×10⁴ 吨。工程河段上游因分布景谷钟山糖厂、思茅纸厂等众多工矿企业污染源,河流水质较差,目前已超过《地表水环境质量标准》(GB3838—2002)Ⅴ类标准,主要超标污染物为总氮和大肠菌群。工程区土壤类型大致呈条带分布,由低向高为砖红壤、赤红壤、红壤、黄棕壤、棕壤。另外有三种非地带性土壤,其中分布最多的是紫色土,其次是冲积土、水稻土。各种土壤的共同特点是偏酸、缺磷、少氮、钾不足。景谷县土壤侵蚀面积只占土地总面积的 18.65%,在澜沧江中游地区属水土保持较好的县。

ABC 水电站位于云南省思茅地区景谷县境内的某下游干流河段上,是某下游河段规划的最后一级电站。水电站距景谷县城公路里程为 50.4 千米,距思茅区的公路里程为 211.4 千米,距昆明市的公路里程为 615.4 千米。水电站以发电为主,采用堤坝式开发,设计装机容量 3×24 兆瓦,水库总库容 2.70×10⁸ 立方米。枢纽主要由拦河大坝(心墙堆石坝,最大坝高 93 米)、溢洪道、左岸导流隧洞、右岸泄洪(兼导流)隧洞、冲砂隧洞、引水发电系统、开关站等组成，如图 8-1 所示。本工程招标范围为左岸导流隧洞、右岸泄洪(兼导流)隧洞、大坝、溢洪道土建及金属结构安装工程，土料场开采，石料场开采，碎石加工系统，五里菁及景谷菁混凝土拌和系统，围堰工程。

图 8-1　云南 ABC 水电站项目大坝

　　ABC 水电站由云南路桥股份有限公司投资兴建。水电站位于某下游干流河段上，位置靠近思茅电网负荷中心，是某干流的唯一骨干电站。水电站以发电为主，采取堤坝式开发，装机容量 7.2 万千瓦。水电站建成后，年发电量达 2.96 亿千瓦时。项目原计划工程静态概算 4.67 亿元，总概算投资 4.85 亿元，工程于 2003 年开工建设。计划该电站 2006 年 12 月底第一台机组发电，2007 年 3 月底第二台机组发电，2007 年 6 月底工程竣工，全部机组投产发电。但是直至 2010 年 9 月第一批机组才发电投产。

　　ABC 水电站位于云南省普洱市景谷县益智乡境内某下游河段，距景谷县城直线距离约 29 千米，距普洱市约 70 千米，是某干流的骨干水电站。水库设计坝高 93 米，长 240 米，总容积 2.46 亿立方米，调节库容为 1.6 亿立方米，装机容量为 7.2 万千瓦，年发电量约 2.96 亿千瓦时，水电站总投资约 7.3 亿元。

　　云南路桥股份有限公司经多方论证，于 2003 年 8 月 28 日与景谷县人民政府签订了《ABC 水电站投资建设协议书》，并于 2003 年 10 月 10 日与 D 公司共同出资设立 ABC 水电站开发经营有限公司，原注册资本为 1 000 万元，路桥股份有限公司出资 900 万元，占总股权的 90％，D 公司出资 100 万元，占总股权的 10％。后经变更，变更后注册资本为 9 000 万元，由云南路桥股份有限公司全额出资。

2003 年 9 月 22 日，云南省发展计划委员会以云计基础[2003]1064 号文（《云南省计委关于景谷县 ABC 水电站工程可行性研究报告的批复》）批准了该项目的实施。

8.1.2　项目建设的必要性

景谷河梯级电站建成投产后，景谷县已成为思茅地区电网的电源基地之一，但随着负荷逐步发展，景谷县电网基本只能自求平衡，供给思茅地区电网的电力电量将大大减少，加上各县市经济的迅速发展，负荷的不断增加，网内将形成电力日益短缺的局面。因此，在水力资源丰富的思茅地区新建规模适中、有调节性能的中型电源点很有必要。根据滇西南电网（含思茅地区和西双版纳自治州）远景负荷发展预测，2010 年、2015 年所需电力分别为 400 兆瓦和 535 兆瓦，需电量分别为 17.8×10^8 千瓦时和 24.8×10^8 千瓦时，考虑系统必需的备用容量和径流电站枯水期出力不足，滇西南电网 2015 年需电装机约 750 兆瓦，与目前的 241 兆瓦装机相比，电力缺口相当大，必须新建电源点。从网内电源规划看，2015 年若不计入 ABC 水电站，则供本地区用电的新增装机仅泗南江水电站 201 兆瓦、崖羊山水电站 99 兆瓦，电力仍有较大的缺额，因此必须加快 ABC 水电站的建设，以弥补系统电力的缺口，保证供电区国民经济持续稳定的发展。同时，思茅地区已建的水电电源大多是径流式电站，电源结构不合理，系统调峰能力不足，该电站具有不完全年调节能力，调节库容 $1.598 \, 6 \times 10^8$ 立方米，是思茅地区电网中部有良好调节性能的中型水电站，该电站的建成可以加强思茅电网的调峰能力，对电网的经济安全运行大有好处，应尽早开发使其发挥作用。

在实施国家西部大开发战略过程中，云南省要建成五个全国性基地，其中水电基地建设是云南省建设绿色经济强省战略目标的重要组成部分。通过对丰富、可再生、清洁的水能资源的开发，资源优势转化为经济优势，逐步形成以水电为主的电力支柱产业，实现经济的持续快速发展、社会的繁荣稳定和生态环境的改善。据 2010 年已有的规划和前期工作资料统计，云南省可开发的 50～300 兆瓦的中型水电站将有 71 座（装机容量为 8 416 兆瓦）。根据资源情况、建设条件和已有的前期工作深度，初步有 24 个中型水电站于近期备选开发，具有不完全年调节能力的 ABC 水电站就是其中之一。ABC 水电站有较为扎实的前期工作基础，2001 年预可研报告通过审查，具有近期可开工建设的条件，计划在"十一五"期间建成投产，弥补思茅地区电力的不足，减少省网向思茅地区的供电，支持"西电东送"，为把云南建成全国重要的水电基地和电力东送、外送的基地，把以水电为主的电力产业培育成为云南又一支柱产业做出贡献。

综上所述，作为有一定调节能力的中型电源点，ABC 水电站的建设势在必行；电站以发电为主，开发目标单一；水库为河道型水库，淹没损失较小。该电站建成以后，对促进地区国民经济持续稳定发展，支持"西电东送"战略实施具有较好的推动作用。同时，ABC 水电站作为系统内的骨干电站，担任系统内的调峰、调频任务，可改善电网供电质量，提高供电可靠性。

8.2　ABC 水电站项目目前面临的问题

通过大量调研和资料分析，ABC 水电站项目目前面临诸多问题。

(1)按照目前的经营状况，投资回收期较长。

该项目自 2003 年开工建设，2010 年逐步建成发电投产，装机容量 7.2 万千瓦，年平均发电量 3.180 3 亿千瓦时，总投资 7.3 亿元。营业收入从 2010 年的 1 764.81 万元到 2012 年的 5 828.581 1 万元[含 CDM(clean development me-chamism，即清活发展机制)项目收入 1 500 万元]，每年的运营成本约 3 420 万元，按照这样的发展速度，预计收回投资需要约 30.4 年的时间；如果扣除 CDM 项目的收入，预计收回投资需要约 75 年的时间。这远远大于 ABC 水电站项目的发电权转让时间。

(2)项目建设期耽搁时间过长，严重影响了后期的投产发电。

原定于 2006 年首台机组开始发电，但是直至 2010 年 9 月第一台机组才开始投产发电，2010 年年底机组才全部投产运营。

(3)项目自有资金较少，又面临较多借贷资金的情况。

项目注册资金只占项目总投资的 12%，项目后期运行的风险较大。为了缓解这一局面，2006 年，中国农业银行思茅市分行与该电站开发经营有限公司签署 3 亿元的借款合同。而这一贷款合同，预示着后期某水电项目面临着巨大的还款压力，以每年的净收入 1 408 万元(扣除 CDM 收入)来计算，预计需要 21 年才能还清。

(4)项目设备急需升级更新、工艺急需提升。

从项目设计到施工，一直到现在的运营，已经过去了 10 年，设备存在老化现象，维护的成本越来越高，这极大地影响了项目的顺利实施。

(5)项目经营管理经验不足。

云南路桥集团有限公司是从事路桥设计、施工的企业集团，但对于建设水电站项目没有任何经验可谈，更没有技术上的优势，管理上更是捉襟见肘。这在项目建设期的工期极度延误中可见一斑。

8.3 ABC 水电站适用 PROT 项目融资模式的必要性

PROT 项目融资模式正是基于像 ABC 水电站项目这样的情况而产生的，可以有效地解决项目的资金短缺、技术提升难、经营管理困难等问题。

(1)PROT 项目融资模式可以有效缓解项目资金短缺的问题。

ABC 水电站项目可以通过出让发电权，由有实力的国有发电集团、国外投资资本或者国内民间资本进行收购，从根本上解决云南路桥集团有限公司的资金短缺问题。

(2)PROT 项目融资模式可以解决 ABC 水电站项目技术工艺老化的问题。

国有发电企业集团对 ABC 水电站项目收购之后，利用自身的技术优势，对该水电项目进行一系列的技术升级改造。对原有的影响水电站发电的老设备进行更新、改造、旧工艺进行提升，使 ABC 水电站重新焕发生机与活力。

(3)PROT 项目融资模式可以解决 ABC 水电站项目管理水平不足的问题。

国有发电集团或者其他资本可以通过引进先进的管理经验或者管理模式对 ABC 水电站项目进行管理升级。国有发电集团可以利用自身的管理水平带动 ABC 水电站项目管理水平的提升，从而提高 ABC 水电站项目的效益；而其他资本则可以通过聘请先进的水电站管理公司对 ABC 水电站项目进行管理，同样也可达到提升管理水平的目的。

(4)PROT 项目融资模式可以对 ABC 水电站项目周边环境保护具有促进作用。

ABC 水电站项目通过升级后，可以减少项目对周边生态环境的破坏，提升周边环境的生态水平，达到和周边居民、生态和谐共处的局面。

(5)PROT 项目融资模式可以有效缓解 ABC 水电站项目周边居民的用电问题。

经过一系列改造的 ABC 水电站项目，其发电能力能得到保证和提升，这样可以有效地保证周边工业和生活用电问题。

8.4 基于霍尔三维模式和管理熵的 ABC 水电站 PROT 项目融资综合集成管理模型

8.4.1 综合集成管理模型框架

ABC 水电站 PROT 项目融资综合集成管理体系是在调研水电站实际情况和

各利益相关方的基础上，为了系统目标的实现建立起来的。其主要包括管理组织集成、管理过程集成、管理信息集成及管理目标集成等。其中 ABC 水电站 PROT 项目融资管理组织集成对应霍尔三维模式的逻辑维、WSR 系统方法论中的人理，ABC 水电站 PROT 项目融资管理过程集成对应霍尔三维模式的时间维、WSR 系统方法论中的事理，ABC 水电站 PROT 项目融资管理信息集成对应霍尔三维模式的知识维、WSR 系统方法论中的物理。

ABC 水电站 PROT 项目融资综合集成管理框架体系将组织集成、过程集成、信息集成及目标集成有机地统一在一起，形成了 ABC 水电站 PROT 项目融资综合集成管理框架体系，如图 8-2 所示。

8.4.2 ABC 水电站 PROT 项目融资熵分析

ABC 水电站 PROT 项目融资经历项目估价、项目转让、项目升级改造、项目运营、项目移交等 N 个流程，这个过程要经历较长的时间跨度，即使单一的流程也要经历较长的时间，并且这些流程之间由于其他的因素又往往有一些交叉和往复。例如，如果项目转让结果不理想就会进行下一次的谈判、转让等事宜，这样 PROT 项目融资整个过程就构成了一个相对复杂的网络系统，如何使整个复杂漫长的流程系统有效地进行下去，需要研究整个系统在物理流程方面的时效问题。

在前面第 5 章理论研究的基础上，结合霍尔三维模式，提出 PROT 项目融资的物理时效熵，用以探讨 PROT 项目融资时间维度下项目融资流程的效率问题。

1. ABC 水电站 PROT 项目融资物理时效熵

（1）ABC 水电站 PROT 项目融资网络计划图。

在调研 ABC 水电站 PROT 项目融资流程的基础上，结合实际情况利用 CCProject 软件绘制出 ABC 水电站的网络计划图。

（2）ABC 水电站项目第 i 个子流程网络计划图的物理时效熵计算公式如下。

$$
\begin{aligned}
H_i^k &= \sum_k \left(\sum_{j=1}^m H_{ij}^k \right) \\
&= \sum_k \left[\sum_{j=1}^m \left(-p_{ij}^k \cdot \log p_{ij}^k \right) \right] \\
&= \sum_k \left[\sum_{j=1}^m \left(-p_{ij}^k \cdot \log \frac{l_{ij}^k}{A^i} \right) \right] \\
&= \sum_k \left[\sum_{j=1}^m \left(-p_{ij}^k \cdot \log \frac{l_{ij}^k}{\sum_k \sum_j l_{ij}^k} \right) \right], \quad i = 1, 2, \cdots, n
\end{aligned}
$$

（3）ABC 水电站项目 PROT 项目融资物理时效熵计算，如表 8-1 所示。

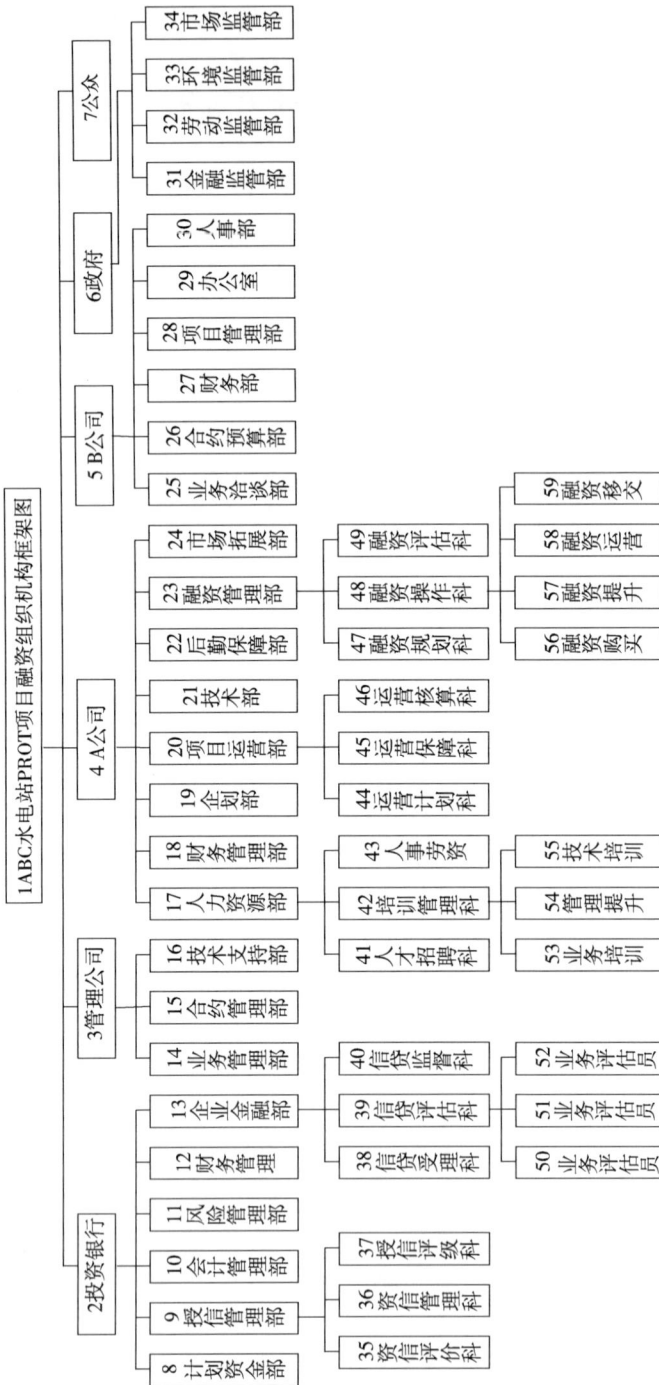

图8-2　ABC水电站PROT项目融资组织结构框架图

表 8-1 ABC 水电站 PROT 项目融资物理时效熵计算表

工序流程	计划时间	实际时间	滞后时间	滞后比例	对数值	效率熵值
1	180	210	30	0.857 143	−0.222 39	0.190 622
2	15	20	5	0.75	−0.415 04	0.311 278
3	5	10	5	0.5	−1	0.5
4	30	35	5	0.857 143	−0.222 39	0.190 622
5	1	2	1	0.5	−1	0.5
6	3	8	5	0.375	−1.415 04	0.530 639
7	15	17	2	0.882 353	−0.180 57	0.159 328
8	10	10	0	1	0	0
9	30	25	−5	1.2	0.263 034	−0.315 64
10	30	30	0	1	0	0
11	120	150	30	0.8	−0.321 93	0.257 542
12	60	50	−10	1.2	0.263 034	−0.315 64
13	30	30	0	1	0	0
14	10	8	−2	1.25	0.321 928	−0.402 41
15	90	100	10	0.9	−0.152	0.136 803
16	60	70	10	0.857 143	−0.222 39	0.190 622
17	30	20	−10	1.5	0.584 963	−0.877 44
18	3 650	3 650	0	1	0	0
19	30	40	10	0.75	−0.415 04	0.311 278
20	3 620	3 620	0	1	0	0
21	15	20	5	0.75	−0.415 04	0.311 278
合计					−4.548 87	1.678 877

2. ABC 水电站项目 PROT 项目融资人理结构熵

在 ABC 水电站项目融资组织规模一定的情况下，管理幅度越大，管理层次就越少；反之同样如此。项目融资组织结构的管理层次过多会降低组织的效率，但较宽的管理跨度又会增加领导的负担，由此带来更大的损失。因此，这就需要在管理跨度和组织层次间寻求一个契合点，以保证效率和效果的综合整体要求。

(1) ABC 水电站项目融资组织结构图，如图 8-2 所示。

(2) ABC 水电站项目融资人理结构熵计算公式。

$$H_R = H_1 + H_2$$

$$= \sum_{i=1}^{n}\sum_{j=1}^{n}\left(-p_1(ij)\cdot\log_2 p_1(ij)\right) + \left(-\sum_{i=1}^{n}P_2(i)\log_2 P_2(i)\right)$$

$$= \sum_{i=1}^{n}\sum_{j=1}^{n}\left(-\frac{L_{ij}}{A_1}\cdot\log_2\frac{L_{ij}}{A_1}\right) + \left(-\sum_{i=1}^{n}\frac{k_i}{A_2}\log_2\frac{k_i}{A_2}\right)$$

$$= \sum_{i=1}^{n}\sum_{j=1}^{n}\left(-\frac{L_{ij}}{\sum\limits_{i=1}^{n}\sum\limits_{j=1}^{n}L_{ij}^k}\cdot\log_2\frac{I_{ij}}{\sum\limits_{i=1}^{n}\sum\limits_{j=1}^{n}L_{ij}^k}\right) + \left(-\sum_{i=1}^{n}\frac{k_i}{\sum\limits_{i=1}^{n}k_i}\log_2\frac{k_i}{\sum\limits_{i=1}^{n}k_i}\right),$$

$$i = 1, 2, \cdots, n$$

（3）ABC 水电站 PROT 项目融资人理结构熵的计算，如表 8-2 和表 8-3 所示。

表 8-2　ABC 水电站 PROT 项目融资人理结构熵计算表（一）

联系长度	$P_1(ij)$	联系标号	合计	微观态	对数值	时效熵 $-P_1(ij)\log_2 P_1(ij)$
1	1/277	1−2···7, 2−8···13, 3−14···16, 4−17···24, 5−25···30, 6−31···34···37, 10−35, 13−38···40, 17−41···43, 20−44···46,, 23−47···49, 39−50···52, 42−53···55, 48−56···59	58	58	−8.114	1.698 9
2	2/277	1−8···34, 2−35···37, 4−41···49, 13−50···52, 17−53···55, 23−56···59	52	104	−7.114	5.341 7
3	3/277	1−35···49, 2−50···52, 4−53···55, 4−56···59	25	75	−6.529	5.303 2
4	4/277	1−50···59	10	40	−6.114	3.531 4
合计			145	277		15.875 2

表 8-3　ABC 水电站 PROT 项目融资人理结构熵计算表（二）

标号	联系跨度(k_i)	各元素概率[$P_2(i)$]	$\log_2 P_2(i)$	各元素的质量熵 $H_2(i) = -P_2(i)\log_2 P_2(i)$
1	6	0.103 448 276	−3.273 018 494	0.338 588 12
2	6	0.103 448 276	−3.273 018 494	0.338 588 12
3	3	0.051 724 138	−4.273 018 494	0.221 018 198

标号	联系跨度(k_i)	各元素概率[$P_2(i)$]	$\log_2 P_2(i)$	各元素的质量熵 $H_2(i)=$ $-P_2(i)\log_2 P_2(i)$
4	8	0.137 931 034	−2.857 980 995	0.394 204 275
5	6	0.103 448 276	−3.273 018 494	0.338 588 12
6	4	0.068 965 517	−3.857 980 995	0.266 067 655
9	3	0.051 724 138	−4.273 018 494	0.221 018 198
13	3	0.051 724 138	−4.273 018 494	0.221 018 198
17	3	0.051 724 138	−4.273 018 494	0.221 018 198
20	3	0.051 724 138	−4.273 018 494	0.221 018 198
23	3	0.051 724 138	−4.273 018 494	0.221 018 198
39	3	0.051 724 138	−4.273 018 494	0.221 018 198
42	3	0.051 724 138	−4.273 018 494	0.221 018 198
48	4	0.068 965 517	−3.857 980 995	0.266 067 655
合计	58	1		3.710 249 529

3. ABC 水电站 PROT 项目融资事理要素熵

（1）ABC 水电站 PROT 项目融资事理要素熵专家评审。

ABC 水电站 PROT 项目融资过程中的时间管理、质量管理、资金管理、范围管理、合同管理、风险管理、采购管理、人力资源管理、综合管理 9 个要素，采用专家研讨厅的方式，邀请项目管理专家 3 人、经济管理专家 2 人、水电站管理专家 2 人。

（2）对系统各要素的评分进行归一化处理可得

$$Y_{ks}^* = Y_{ks} / \sum_{k=1}^{N} Y_{ks}$$

（3）ABC 水电站 PROT 项目融资事理要素熵的计算公式为

$$H_s = -K_s \sum_{k=1}^{n} Y_{ks}^* \cdot \ln_{sk} Y_{ks}^*$$

（4）ABC 水电站 PROT 项目融资事理要素熵的计算，如表 8-4 所示。

表 8-4　ABC 水电站项目 PROT 项目融资事理要素熵计算表

序号	指标	专家1	专家2	专家3	专家4	专家5	专家6	专家7	平均值	概率	对数	要素熵值
1	时间管理	7	9	7	8	9	8	6	7.714	0.130	−2.94	0.383
2	质量管理	8	7	6	7	9	6	8	7.429	0.125	−3	0.375

序号	指标	专家1	专家2	专家3	专家4	专家5	专家6	专家7	平均值	概率	对数	要素熵值
3	资金管理	5	5	7	5	5	6	4	5.286	0.089	−3.49	0.311
4	范围管理	8	9	8	6	9	7	6	7.571	0.128	−2.97	0.379
5	风险管理	3	5	7	6	6	7	4	5.143	0.087	−3.53	0.306
6	合同管理	8	6	7	7	9	7	8	7.429	0.125	−3	0.375
7	采购管理	6	7	5	4	4	7	5	5.429	0.092	−3.45	0.316
8	人力资源管理	8	7	7	5	8	6	4	6.429	0.108	−3.21	0.348
9	综合管理	7	8	7	7	8	6	5	6.857	0.116	−3.11	0.360
合计									59.287	1		3.153

4. ABC 水电站 PROT 项目融资总熵

综合物理时效熵、人理结构熵及事理要素熵，可以得到 PROT 项目融资的总熵。

ABC 水电站项目的项目融资总熵可以通过下面的公式得到

$$s_{总} = s_{正} + s_{负}$$

$$= \sum_{i=1}^{n} \alpha_i s_i + \sum_{i=1}^{n} \beta_i s_i$$

$$= -\sum_{i=1}^{n} \alpha_i \cdot \lambda_{正} \cdot \sum_{j=1}^{n} p_{ij} \cdot \ln_{ij} p_{ij} + \sum_{i=1}^{n} \beta_i \cdot \lambda_{负} \cdot \sum_{j=1}^{n} p_{ij} \cdot \ln_{ij} p_{ij}$$

$$= -\sum_{i=1}^{n} \alpha_i \cdot \lambda_{正} \cdot (H_{W正} + H_{R正} + H_{S正}) + \sum_{i=1}^{n} \beta_i \cdot \lambda_{负} \cdot (H_{W负} + H_{R负} + H_{S负})$$

$$= -\sum_{i=1}^{n} \alpha_i \cdot \lambda_{正} \cdot [H_{W正} + (H_{R正1} + H_{R正2}) + H_{S正}] + \sum_{i=1}^{n} \beta_i \cdot \lambda_{负} \cdot [H_{W负} + (H_{R负1} + H_{R负2}) + H_{S负}]$$

$$= -\sum_{i=1}^{n} \alpha_i \cdot \lambda_{正} \cdot \left\{ \sum_{k} \left[\sum_{j=1}^{m} \left(-p_{ij}^{k} \cdot \log \frac{l_{ij}^{k}}{\sum_{k}\sum_{j} l_{ij}^{k}} \right) \right] \right.$$

$$+ \left[\sum_{i=1}^{n} \sum_{j=1}^{n} \left(-\frac{L_{ij}}{\sum_{i=1}^{n}\sum_{j=1}^{n} L_{ij}^{k}} \cdot \log_2 \frac{L_{ij}}{\sum_{i=1}^{n}\sum_{j=1}^{n} L_{ij}^{k}} \right) \right.$$

$$+ \left. \left(-\sum_{i=1}^{n} \frac{k_i}{\sum_{i=1}^{n} k_i} \log_2 \frac{k_i}{\sum_{i=1}^{n} k_i} \right) \right] + \left. \left(-K_s \sum_{k=1}^{n} Y_{ks}^{*} \cdot \ln_{sk} Y_{ks}^{*} \right) \right\}$$

$$+ \sum_{i=1}^{n} \beta_i \cdot \lambda_{负} \cdot \left[H_{W负} + (H_{R负1} + H_{R负2}) + K_s \sum_{k=1}^{n} Y_{ks}^* \cdot \ln_{sk} Y_{ks}^* \right]$$

$$= -\sum_{i=1}^{n} \alpha_i \cdot \lambda_{正} \cdot \left\{ \sum_{k} \left[\sum_{j=1}^{m} \left(-p_{ij}^k \cdot \log \frac{l_{ij}^k}{\sum_k \sum_j l_{ij}^k} \right) \right] \right.$$

$$+ \left[\sum_{i=1}^{n} \sum_{j=1}^{n} \left(-\frac{L_{ij}}{\sum_{i=1}^{n} \sum_{j=1}^{n} L_{ij}^k} \cdot \log_2 \frac{L_{ij}}{\sum_{i=1}^{n} \sum_{j=1}^{n} L_{ij}^k} \right) + \left(-\sum_{i=1}^{n} \frac{k_i}{\sum_{i=1}^{n} k_i} \log_2 \frac{k_i}{\sum_{i=1}^{n} k_i} \right) \right]$$

$$+ \left(-K_s \sum_{k=1}^{n} Y_{ks}^* \cdot \ln_{sk} Y_{ks}^* \right) \right\}$$

$$+ \sum_{i=1}^{n} \beta_i \cdot \lambda_{负} \cdot \left[\sum_{k} \left(\sum_{j=1}^{m} p_{ij}^k \cdot \log \frac{l_{ij}^k}{\sum_k \sum_j l_{ij}^k} \right) \right.$$

$$+ \left(\sum_{i=1}^{n} \sum_{j=1}^{n} \frac{L_{ij}}{\sum_{i=1}^{n} \sum_{j=1}^{n} L_{ij}^k} \cdot \log_2 \frac{L_{ij}}{\sum_{i=1}^{n} \sum_{j=1}^{n} L_{ij}^k} + \sum_{i=1}^{n} \frac{k_i}{\sum_{i=1}^{n} k_i} \log_2 \frac{k_i}{\sum_{i=1}^{n} k_i} \right)$$

$$+ K_s \sum_{k=1}^{n} Y_{ks}^* \cdot \ln_{sk} Y_{ks}^* \right]$$

$$= 24.263$$

8.5　ABC 水电站 PROT 项目融资带熵博弈分析

8.5.1　ABC 水电站 PROT 项目融资购买阶段的带熵博弈

评价 ABC 水电站项目本身的品质，综合水电站各方面的情况，品质好的概率为 $\alpha=0.8$，品质不好的概率为 $1-\alpha=0.2$。

假定 ABC 水电站业主云南路桥股份集团有限公司以概率 $\beta=0.7$ 进行策略选择对 ABC 水电站项目进行包装，ABC 水电站为了卖个好价钱，对其包装的成本为 $C_{op}=560$ 万元。

假定社会投资者以概率 $\gamma=0.5$ 采取购买策略，γ 值的高低也将代表社会投资者购买的欲望。特别的，当 $\gamma=1$ 时表示一定购买；当 $\gamma=0$ 时表示一定不购买。

假定 ABC 水电站项目品质较好，当业主进行包装时，社会投资者购买后的预期收益为 $I_{igp}=10\,950$ 万元，业主的收益为 $I_{ogp}=3\,650$ 万元；社会投资者不购买的损失为 0，业主的损失为 $C_{op}=560$ 万元(包装费用)。当业主不进行包装时，社会投资者购买后的预期收益为 $I_{igpn}=13\,140$ 万元，业主的收益为 $I_{ogpn}=2\,920$ 万元；社会投资者不购买的损失为 0，业主的损失为 0。

ABC 水电站项目品质不好时，当业主进行包装，社会投资者购买后的预期收益为 $I_{idp}=8\,760$ 万元，业主的收益为 $I_{odp}=5\,110$ 万元；社会投资者不购买的损失为 0，业主的损失为 $C_{op}=560$ 万元(包装费用)。当业主不进行包装时，社会投资者购买后的预期收益为 $I_{idpn}=11\,680$ 万元，业主的收益为 $I_{odpn}=2\,190$ 万元；社会投资者不购买的损失为 0，业主的损失为 0。

1. 某水电项目参与人支付函数

1) ABC 水电站项目业主云南路桥股份有限公司的支付函数

(1) 当项目的品质较好时(0.8)：

$$u_1(s_{11},\ s_{21})=I_{igp}+I_{igpn}=10\,950+13\,140=24\,090\ 万元$$

$$u_1(s_{11},\ s_{22})=I_{igp}+0=I_{igp}=10\,950+0=10\,950\ 万元$$

$$u_1(s_{12},\ s_{22})=0+0=0$$

$$u_1(s_{12},\ s_{21})=0+I_{igpn}=I_{igpn}=13\,140\ 万元$$

(2) 当项目的品质不好时(0.2)：

$$u_1(s_{11},\ s_{21})=I_{idp}+I_{idpn}=8\,760+11\,680=20\,440\ 万元$$

$$u_1(s_{11},\ s_{22})=I_{idp}+0=I_{idp}=8\,760\ 万元$$

$$u_1(s_{12},\ s_{22})=0+0=0$$

$$u_1(s_{12},\ s_{21})=0+I_{idpn}=I_{idpn}=11\,680\ 万元$$

2) 社会投资者的支付函数

(1) 当项目的品质较好时(0.8)：

$$u_2(s_{11},\ s_{21})=I_{ogp}+I_{ogpn}=3\,650+2\,920=6\,570\ 万元$$

$$u_2(s_{11},\ s_{22})=I_{ogp}+0=I_{ogp}=3\,650\ 万元$$

$$u_2(s_{12},\ s_{22})=-C_{op}+0=-C_{op}=-560\ 万元$$

$$u_2(s_{12},\ s_{21})=-C_{op}+I_{ogpn}=-560+2\,920=2\,360\ 万元$$

(2) 当项目的品质不好时(0.2)：

$$u_2(s_{11},\ s_{21})=I_{odp}+I_{odpn}=5\,110+2\,190=7\,300\ 万元$$

$$u_2(s_{11},\ s_{22})=I_{odp}+0=I_{odp}=5\,110\ 万元$$

$$u_2(s_{12},\ s_{22})=-C_{op}+0=-C_{op}=-560\ 万元$$

$$u_2(s_{12},\ s_{21})=-C_{op}+I_{odpn}=-560+2\,190=1\,630\ 万元$$

假定业主云南路桥股份有限公司所采用的混合策略为 $\theta_1=(\beta,\ 1-\beta)=(0.7,\ 0.3)$；社会投资者所采用的混合策略为 $\theta_2=(\gamma,\ 1-\gamma)=(0.5,\ 0.5)$；博弈双方的期望收益分别为 $E_1=(\theta_1,\ \theta_2)$，$E_2=(\theta_1,\ \theta_2)$。

2. ABC 水电站项目业主和社会投资者的收益矩阵

ABC 水电站项目业主和社会投资者的收益矩阵，如表 8-5 和表 8-6 所示。

表 8-5 ABC 水电站项目业主和社会投资者的收益矩阵(品质好时)

当项目的品质较好时(0.8)的收益矩阵

		社会投资者	
	策略	购买(0.5)	不购买(0.5)
某水电站 业主	包装 (0.7)	s_{11} (10 950, 3 650)	s_{12} (0, −560)
	不包装 (0.3)	s_{21} (13 140, 2 920)	s_{22} (0, 0)

表 8-6 ABC 水电站项目业主和社会投资者的收益矩阵(品质不好时)

当项目的品质不好时(0.2)的收益矩阵

		社会投资者	
	策略	购买(0.5)	不购买(0.5)
某水电站 业主	包装 (0.7)	s_{11} (8 760, 5 110)	s_{12} (0, −560)
	不包装 (0.3)	s_{21} (11 680, 2 190)	s_{22} (0, 0)

3. ABC 水电站博弈参与人的期望收益

(1) ABC 水电站社会投资者的期望收益为

$$E_1 = (\theta_1, \theta_2)$$
$$= \alpha[u_1(s_{11}, s_{21}) + u_1(s_{11}, s_{22}) + u_1(s_{12}, s_{22}) + u_1(s_{12}, s_{21})]$$
$$+ (1-\alpha)[u_1(s_{11}, s_{21}) + u_1(s_{11}, s_{22}) + u_1(s_{12}, s_{22}) + u_1(s_{12}, s_{21})]$$
$$= \alpha[\beta\gamma s_{11} + \beta(1-\gamma)s_{12} + (1-\beta)\gamma s_{21} + (1-\beta)(1-\gamma)s_{22}]$$
$$+ (1-\alpha)[\beta\gamma s_{11} + \beta(1-\gamma)s_{12} + (1-\beta)\gamma s_{21} + (1-\beta)(1-\gamma)s_{22}]$$
$$= \alpha[\beta\gamma I_{igp} + \beta(1-\gamma) \cdot 0 + (1-\beta)\gamma I_{igpn} + (1-\beta)(1-\gamma) \cdot 0]$$
$$+ (1-\alpha)[\beta\gamma I_{idp} + \beta(1-\gamma) \cdot 0 + (1-\beta)\gamma I_{idpn} + (1-\beta)(1-\gamma) \cdot 0]$$
$$= \alpha[\beta\gamma I_{igp} + (1-\beta)\gamma I_{igpn}] + (1-\alpha)(\beta\gamma I_{idp} + (1-\beta)\gamma I_{idpn}]$$
$$= \alpha\beta\gamma I_{igp} + \alpha(1-\beta)\gamma I_{igpn} + (1-\alpha)\beta\gamma I_{idp} + (1-\alpha)(1-\beta)\gamma I_{idpn}$$
$$= 0.8 \times 0.7 \times 0.5 \times 10\ 950 + 0.8 \times 0.3 \times 0.5 \times 13\ 140$$
$$+ 0.2 \times 0.7 \times 0.5 \times 8\ 760 + 0.2 \times 0.3 \times 0.5 \times 11\ 680$$
$$= 5\ 606.4\ 万元$$

(2) ABC 水电站业主的期望收益为

$$E_2 = (\theta_1, \theta_2)$$
$$= \alpha[u_2(s_{11}, s_{21}) + u_2(s_{11}, s_{22}) + u_2(s_{12}, s_{22}) + u_2(s_{12}, s_{21})]$$
$$+ (1-\alpha)[u_2(s_{11}, s_{21}) + u_2(s_{11}, s_{22}) + u_2(s_{12}, s_{22}) + u_2(s_{12}, s_{21})]$$

$$
\begin{aligned}
&= \alpha[\beta\gamma s_{11} + \beta(1-\gamma)s_{12} + (1-\beta)\gamma s_{21} + (1-\beta)(1-\gamma)s_{22}] \\
&\quad + (1-\alpha)[\beta\gamma s_{11} + \beta(1-\gamma)s_{12} + (1-\beta)\gamma s_{21} + (1-\beta)(1-\gamma)s_{22}] \\
&= \alpha[\beta\gamma I_{ogp} + \beta(1-\gamma)(-C_{op}) + (1-\beta)\gamma I_{ogpn} + (1-\beta)(1-\gamma)\cdot 0] \\
&\quad + (1-\alpha)[\beta\gamma I_{odp} + \beta(1-\gamma)(-C_{op}) + (1-\beta)\gamma I_{odpn} + (1-\beta)(1-\gamma)\cdot 0] \\
&= \alpha\beta\gamma I_{ogp} - \alpha\beta(1-\gamma)C_{op} + \alpha(1-\beta)\gamma I_{ogpn} + (1-\alpha)\beta\gamma I_{odp} \\
&\quad - (1-\alpha)\beta(1-\gamma)C_{op} + (1-\alpha)(1-\beta)\gamma I_{odpn} \\
&= \alpha\beta\gamma I_{ogp} - \beta(1-\gamma)C_{op} + \alpha(1-\beta)\gamma I_{ogpn} + (1-\alpha)\beta\gamma I_{odp} + (1-\alpha)(1-\beta)\gamma I_{odpn} \\
&= 0.8\times0.7\times0.5\times3\,650 - 0.7\times0.5\times560 + 0.8\times0.3\times0.5\times2\,920 \\
&\quad + 0.2\times0.7\times0.5\times5\,110 + 0.2\times0.3\times0.5\times2\,190 \\
&= 1\,599.8 \text{ 万元}
\end{aligned}
$$

4. ABC 水电站 PROT 项目融资购买阶段带熵博弈的熵值

$$
\begin{aligned}
S_p &= -K_p \sum_{j=1}^{n} P_{ij} \ln_{ij} P_{ij} \\
&= -K_p \cdot \{(\alpha\cdot\beta\cdot\gamma)\cdot\ln(\alpha\cdot\beta\cdot\gamma) \\
&\quad + [\alpha\cdot\beta\cdot(1-\gamma)]\cdot\ln[\alpha\cdot\beta\cdot(1-\gamma)] \\
&\quad + [\alpha\cdot(1-\beta)\cdot\gamma]\cdot\ln[\alpha\cdot(1-\beta)\cdot\gamma] \\
&\quad + [\alpha\cdot(1-\beta)\cdot(1-\gamma)]\cdot\ln[\alpha\cdot(1-\beta)\cdot(1-\gamma)] \\
&\quad + [(1-\alpha)\cdot\beta\cdot\gamma]\cdot\ln[(1-\alpha)\cdot\beta\cdot\gamma] \\
&\quad + [(1-\alpha)\cdot\beta\cdot(1-\gamma)]\cdot\ln[(1-\alpha)\cdot\beta\cdot(1-\gamma)] \\
&\quad + [(1-\alpha)\cdot(1-\beta)\cdot(1-\gamma)]\cdot\ln[(1-\alpha)\cdot(1-\beta)\cdot(1-\gamma)] \\
&\quad + [(1-\alpha)\cdot(1-\beta)\cdot\gamma]\cdot\ln[(1-\alpha)\cdot(1-\beta)\cdot\gamma]\} \\
&= -K_p \cdot [(0.8\times0.7\times0.5)\cdot\ln(0.8\times0.7\times0.5) \\
&\quad + (0.8\times0.7\times0.5)\cdot\ln(0.8\times0.7\times0.5) \\
&\quad + (0.8\times0.3\times0.5)\cdot\ln(0.8\times0.3\times0.5) \\
&\quad + (0.8\times0.3\times0.5)\cdot\ln(0.8\times0.3\times0.5) \\
&\quad + (0.2\times0.7\times0.5)\cdot\ln(0.2\times0.7\times0.5) \\
&\quad + (0.2\times0.7\times0.5)\cdot\ln(0.2\times0.7\times0.5) \\
&\quad + (0.2\times0.3\times0.5)\cdot\ln(0.2\times0.3\times0.5) \\
&\quad + (0.2\times0.3\times0.5)\cdot\ln(0.2\times0.3\times0.5) \\
&= -1\times[0.28\times\ln(0.28) + 0.28\times\ln(0.28) + 0.12\times\ln(0.12) + 0.12\times\ln(0.12) \\
&\quad + 0.07\times\ln(0.07) + 0.07\times\ln(0.07) + 0.03\times\ln(0.03) + 0.03\times\ln(0.03)] \\
&= 1.592\,2
\end{aligned}
$$

在购买阶段整体系统熵最小的情况下，各利益相关方收益期望值最大的条件下带熵博弈模型，可以利用多目标非线性规划求解：

$$\min: S_o = -K_o \sum_{j=1}^{n} P_{ij} \ln_{ij} P_{ij} = -K_o \cdot S_p = -K_p \sum_{j=1}^{n} P_{ij} \ln_{ij} P_{ij}$$
$$= -K_p \cdot \{(\alpha \cdot \beta \cdot \gamma) \cdot \ln(\alpha \cdot \beta \cdot \gamma)$$
$$+ [\alpha \cdot \beta \cdot (1-\gamma)] \cdot \ln[\alpha \cdot \beta \cdot (1-\gamma)]$$
$$+ [\alpha \cdot (1-\beta) \cdot \gamma] \cdot \ln[\alpha \cdot (1-\beta) \cdot \gamma]$$
$$+ [\alpha \cdot (1-\beta) \cdot (1-\gamma)] \cdot \ln[\alpha \cdot (1-\beta) \cdot (1-\gamma)]$$
$$+ [(1-\alpha) \cdot \beta \cdot \gamma] \cdot \ln[(1-\alpha) \cdot \beta \cdot \gamma]$$
$$+ [(1-\alpha) \cdot \beta \cdot (1-\gamma)] \cdot \ln[(1-\alpha) \cdot \beta \cdot (1-\gamma)]$$
$$+ [(1-\alpha) \cdot (1-\beta) \cdot (1-\gamma)] \cdot \ln[(1-\alpha) \cdot (1-\beta) \cdot (1-\gamma)]$$
$$+ [(1-\alpha) \cdot (1-\beta) \cdot \gamma] \cdot \ln[(1-\alpha) \cdot (1-\beta) \cdot \gamma]\}$$

$$\max: E = E_1(\theta_1, \theta_2) + E_2(\theta_1, \theta_2)$$

其中，

$$E_1 = (\theta_1, \theta_2)$$
$$= \alpha\beta\gamma I_{igp} + \alpha(1-\beta)\gamma I_{igpn} + (1-\alpha)\beta\gamma I_{idp} + (1-\alpha)(1-\beta)\gamma I_{idpn};$$
$$E_2 = (\theta_1, \theta_2)$$
$$= \alpha\beta\gamma I_{ogp} - \beta(1-\gamma)C_{op} + \alpha(1-\beta)\gamma I_{ogpn} + (1-\alpha)\beta\gamma I_{odp}$$
$$+ (1-\alpha)(1-\beta)\gamma I_{odpn} \circ$$

其中，K_p 可取值为 1；$C_{op} = 560$；$I_{igp} = 10\,950$；$I_{ogp} = 3\,650$；$I_{igpn} = 13\,140$；$I_{ogpn} = 2\,920$；$I_{idp} = 8\,760$；$I_{odp} = 5\,110$；$I_{idpn} = 11\,680$；$I_{odpn} = 2\,190$。

$$\text{s. t.} \begin{cases} 0 \leqslant \alpha \leqslant 1 \\ 0 \leqslant \beta \leqslant 1 \\ 0 \leqslant \gamma \leqslant 1 \end{cases}$$

本书采用 Matlab 智能算法来计算运行阶段整体系统熵最小的情况下，利益相关方收益期望值最大的条件下带熵博弈模型多目标非线性规划。根据该多目标非线性规划的实际情况，采用基于遗传算法的多目标优化算法来具体地进行计算。

为了方便采用基于遗传算法的多目标优化算法，应先将目标函数进行变形，变形为求解最小值的多目标规划。

$$\min: S_o = -K_o \sum_{j=1}^{n} P_{ij} \ln_{ij} P_{ij} = -K_o \cdot S_p = -K_p \sum_{j=1}^{n} P_{ij} \ln_{ij} P_{ij}$$
$$= -K_p \cdot \{(\alpha \cdot \beta \cdot \gamma) \cdot \ln(\alpha \cdot \beta \cdot \gamma)$$
$$+ [\alpha \cdot \beta \cdot (1-\gamma)] \cdot \ln[\alpha \cdot \beta \cdot (1-\gamma)]$$
$$+ [\alpha \cdot (1-\beta) \cdot \gamma] \cdot \ln[\alpha \cdot (1-\beta) \cdot \gamma]$$
$$+ [\alpha \cdot (1-\beta) \cdot (1-\gamma)] \cdot \ln[\alpha \cdot (1-\beta) \cdot (1-\gamma)]$$
$$+ [(1-\alpha) \cdot \beta \cdot \gamma] \cdot \ln[(1-\alpha) \cdot \beta \cdot \gamma]$$

$$+[(1-\alpha)\cdot\beta\cdot(1-\gamma)]\cdot\ln[(1-\alpha)\cdot\beta\cdot(1-\gamma)]$$
$$+[(1-\alpha)\cdot(1-\beta)\cdot(1-\gamma)]\cdot\ln[(1-\alpha)\cdot(1-\beta)\cdot(1-\gamma)]$$
$$+[(1-\alpha)\cdot(1-\beta)\cdot\gamma]\cdot\ln[(1-\alpha)\cdot(1-\beta)\cdot\gamma]\}$$

min：$E=-[E_1(\theta_1, \theta_2)+E_2(\theta_1, \theta_2)]$

其中，
$$E_1=(\theta_1, \theta_2)$$
$$=\alpha\beta\gamma I_{igp}+\alpha(1-\beta)\gamma I_{igpn}+(1-\alpha)\beta\gamma I_{idp}+(1-\alpha)(1-\beta)\gamma I_{idpn};$$
$$E_2=(\theta_1, \theta_2)$$
$$=\alpha\beta\gamma I_{ogp}-\beta(1-\gamma)C_{op}+\alpha(1-\beta)\gamma I_{ogpn}+(1-\alpha)\beta\gamma I_{odp}$$
$$+(1-\alpha)(1-\beta)\gamma I_{odpn};$$

其中，K_p 可取值为 1；$C_{op}=560$；$I_{igp}=10\,950$；$I_{ogp}=3\,650$；$I_{igpn}=13\,140$；$I_{ogpn}=2\,920$；$I_{idp}=8\,760$；$I_{odp}=5\,110$；$I_{idpn}=11\,680$；$I_{odpn}=2\,190$。

$$\text{s. t.}\begin{cases}0\leqslant\alpha\leqslant1\\0\leqslant\beta\leqslant1\\0\leqslant\gamma\leqslant1\end{cases}$$

即

min：$S_o=\{(\alpha\cdot\beta\cdot\gamma)\cdot\ln(\alpha\cdot\beta\cdot\gamma)+[\alpha\cdot\beta\cdot(1-\gamma)]\cdot\ln[\alpha\cdot\beta\cdot(1-\gamma)]$
$$+[\alpha\cdot(1-\beta)\cdot\gamma]\cdot\ln[\alpha\cdot(1-\beta)\cdot\gamma]$$
$$+[\alpha\cdot(1-\beta)\cdot(1-\gamma)]\cdot\ln[\alpha\cdot(1-\beta)\cdot(1-\gamma)]$$
$$+[(1-\alpha)\cdot\beta\cdot\gamma]\cdot\ln[(1-\alpha)\cdot\beta\cdot\gamma]$$
$$+[(1-\alpha)\cdot\beta\cdot(1-\gamma)]\cdot\ln[(1-\alpha)\cdot\beta\cdot(1-\gamma)]$$
$$+[(1-\alpha)\cdot(1-\beta)\cdot(1-\gamma)]\cdot\ln[(1-\alpha)\cdot(1-\beta)\cdot(1-\gamma)]$$
$$+[(1-\alpha)\cdot(1-\beta)\cdot\gamma]\cdot\ln[(1-\alpha)\cdot(1-\beta)\cdot\gamma]\}$$

min：$E=-[\alpha\beta\gamma I_{igp}+\alpha(1-\beta)\gamma I_{igpn}+(1-\alpha)\beta\gamma I_{idp}+(1-\alpha)(1-\beta)\gamma I_{idpn}]$
$$-[\alpha\beta\gamma I_{ogp}-\beta(1-\gamma)C_{op}+\alpha(1-\beta)\gamma I_{ogpn}+(1-\alpha)\beta\gamma I_{odp}$$
$$+(1-\alpha)(1-\beta)\gamma I_{odpn}]$$

其中，K_p 可取值为 1；$C_{op}=560$；$I_{igp}=10\,950$；$I_{ogp}=3\,650$；$I_{igpn}=13\,140$，$I_{ogpn}=2\,920$，$I_{idp}=8\,760$，$I_{odp}=5\,110$，$I_{idpn}=11\,680$，$I_{odpn}=2\,190$

$$\text{s. t.}\begin{cases}0\leqslant\alpha\leqslant1\\0\leqslant\beta\leqslant1\\0\leqslant\gamma\leqslant1\end{cases}$$

为了编写程序的需要，将 α，β，γ 分别用 x(1)，x(2)，x(3) 表示。

编写程序如下：

首先，编写目标函数的 M 程序：

```
function f = my _ first _ multi(x)
```

$$f(1) = -(x(1) * x(2) * x(3)) * \log(x(1) * x(2) * x(3)) \cdots$$
$$- (x(1) * x(2) * (1-x(3))) * \log(x(1) * x(2) * (1-x(3))) \cdots$$
$$- (x(1) * (1-x(2)) * x(3)) * \log(x(1) * (1-x(2)) * x(3)) \cdots$$
$$- (x(1) * (1-x(2)) * (1-x(3))) * \log(x(1) * (1-x(2)) * (1-x(3))) \cdots$$
$$- ((1-x(1)) * x(2) * x(3)) * \log((1-x(1)) * x(2) * x(3)) \cdots$$
$$- ((1-x(1)) * x(2) * (1-x(3))) * \log((1-x(1)) * x(2) * (1-x(3))) \cdots$$
$$- ((1-x(1)) * (1-x(2)) * (1-x(3))) * \log((1-x(1)) * (1-x(2)) * (1-x(3))) \cdots$$
$$- (1-x(1)) * (1-x(2)) * x(3) * \log((1-x(1)) * (1-x(2)) * x(3));$$
$$f(2) = -x(1) * x(2) * x(3) * 10950 - x(1) * (1-x(2)) * x(3) * 13140$$
$$- (1-x(1)) * x(2) * x(3) * 8760$$
$$- (1-x(1)) * (1-x(2)) * x(3) * 11680$$
$$- x(1) * x(2) * x(3) * 3650 - x(2) * (1-x(3)) * 560$$
$$- x(1) * (1-x(2)) * x(3) * 2920 - (1-x(1)) * x(2) * x(3) * 5110$$
$$- (1-x(1)) * (1-x(2)) * x(3) * 2190;$$

其次，编写程序：my_first_multi(x).m 调用 gamultiobj 函数。

```
clear
clc
fitnessfcn = @my_first_multi;        % Function handle to the fitness function
nvars = 3;                           % Number of decision variables
lb = [0, 0, 0];                      % Lower bound
ub = [1, 1, 1];                      % Upper bound
A = []; b = [];                      % No linear inequality constraints
Aeq = []; beq = [];                  % No linear equality constraints
options = gaoptimset('ParetoFraction', 0.3, 'PopulationSize', 100, 'Generations', 200, 'StallGenLimit', 200, 'TolFun', 1e-100, 'PlotFcns', @gaplotpareto);
[x, fval] = gamultiobj(fitnessfcn, nvars, A, b, Aeq, beq, lb, ub, options);
```

最后，运算结果如表 8-7 所示。

表 8-7 ABC 水电站 PROT 项目融资熵购买阶段多目标非线性规划结果表

序号	f_1	f_2	x(1)	x(2)	x(3)
1	NaN	−560.000 000	0.000 000	1.000 000	0.000 000
2	NaN	−13 870.000 000	0.000 000	0.000 000	1.000 000
3	NaN	−505.780 721	0.650 119	0.903 180	0.000 000

续表

序号	f_1	f_2	x(1)	x(2)	x(3)
4	NaN	−10 904. 456 158	0. 000 000	0. 270 964	0. 783 825
5	NaN	−435. 780 721	0. 712 619	0. 778 180	0. 000 000
6	NaN	−14 231. 345 316	0. 185 873	0. 168 463	1. 000 000
7	NaN	−435. 780 721	0. 806 369	0. 778 180	0. 000 000
8	NaN	−9 223. 742 812	0. 000 000	0. 440 943	0. 658 942
9	NaN	−11 837. 466 577	0. 000 000	0. 080 503	0. 852 980
10	NaN	−1 530. 328 949	0. 535 823	1. 000 000	0. 070 821
11	NaN	−4 649. 682 089	0. 437 503	1. 000 000	0. 300 064
12	NaN	−3 479. 469 454	0. 399 331	1. 000 000	0. 214 643
13	NaN	−14 768. 713 280	0. 899 957	0. 816 015	1. 000 000
14	NaN	−1 798. 095 806	0. 269 303	1. 000 000	0. 091 666
15	NaN	−3 480. 636 050	0. 000 000	0. 656 471	0. 230 553
16	NaN	−6 683. 142 996	0. 000 000	0. 486 943	0. 471 450
17	NaN	−7 651. 644 485	0. 000 000	0. 143 062	0. 549 064
18	NaN	−2 962. 923 478	0. 354 320	1. 000 000	0. 177 094
19	0. 036 216	−16 051. 357 010	0. 999 140	0. 004 577	0. 999 995
20	NaN	−5 695. 270 909	1. 000 000	0. 554 492	0. 360 427
21	NaN	−5 409. 512 130	0. 000 000	0. 635 380	0. 373 955
22	NaN	−12 045. 774 350	0. 000 000	0. 354 505	0. 866 567
23	NaN	−13 805. 422 619	0. 000 000	0. 202 696	0. 995 306
24	**NaN**	**−14 799. 920 103**	**0. 931 207**	**0. 816 015**	**1. 000 000**
25	NaN	−14 023. 986 582	0. 077 197	0. 133 758	1. 000 000
26	NaN	−1 430. 485 860	0. 065 351	1. 000 000	0. 065 167
27	NaN	−13 687. 920 121	0. 000 000	0. 287 103	0. 986 718
28	NaN	−535. 469 943	0. 212 701	0. 956 196	0. 000 000
29	NaN	−484. 702 453	0. 262 728	0. 865 540	0. 000 000
30	NaN	−9 436. 603 308	0. 000 000	0. 440 943	0. 674 567

上述 30 个非劣解中，第 24 个解为相对最优解，此时 $f_1=0$，$f_2=$ −14 799. 92，$\alpha=0.931\ 207$，$\beta=0.816\ 015$，$\gamma=1$，即此时的系统熵趋近为 0，系统的赢得值为 14 799. 92，ABC 水电站好的概率为 0. 931 207，云南路桥股份

有限公司进行包装的概率为 0.816 015，社会投资者购买的概率为 1。

经过分析可知，这与实际基本相符，ABC 水电站的发电能力基础较好，如果再加以技术提升，将来的收益会大幅提升。云南路桥股份有限公司为了将该水电站卖个好价钱，一般会采取外部包装进行优化，使 ABC 水电站更加优质，以便出售。社会投资者遇到这样的优质水电站资源更是不愿意放手，会积极地争取将其收入囊中。

但是，在系统熵最小的情况下，系统的赢得值最大，受系统中该非线性目标函数的约束系数，即随 $C_{op} = 560$，$I_{igp} = 10\ 950$，$I_{ogp} = 3\ 650$，$I_{igpn} = 13\ 140$，$I_{ogpn} = 2\ 920$，$I_{idp} = 8\ 760$，$I_{odp} = 5\ 110$，$I_{idpn} = 11\ 680$，$I_{odpn} = 2\ 190$ 等变化而变化，这是一个动态的优化过程。

8.5.2　ABC 水电站 PROT 项目融资运行阶段的带熵博弈

在运行阶段，ABC 水电站涉及的利益相关方比较多，为了研究的需要，只研究社会投资者、政府和公众这三个比较重要的利益相关方。ABC 水电站在运行阶段不完全信息下的三方博弈，即社会投资者、政府和公众之间进行博弈。政府就环境保护方面对社会投资者经营的 ABC 水电站进行监督，公众和社会投资者之间就 ABC 水电站的电价进行博弈，政府和公众之间就社会公共产品的使用问题进行博弈，如图 8-3 所示，本书建立了三方博弈模型，在模型中研究了影响博弈三方各自获益的各种收入和支出，并针对博弈各方收益（支付）都有影响的控制策略开展研究。

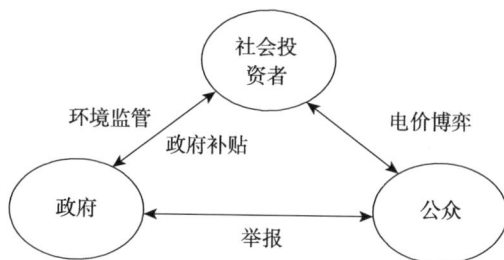

图 8-3　ABC 水电站 PROT 项目融资运营过程三方博弈框架图

三者博弈过程中由于信息的不对称而产生不同的收益结果，收益的概率反映了熵的大小。

假定政府部门以概率 $p = 0.5(0 \leqslant p \leqslant 1)$ 进行策略选择对 ABC 水电站项目运营情况进行检查，引进检查概率是为了模拟实际监管情况，p 值高时代表监管力度强，反之则差。特别的，$p = 1$ 时表示实时、全面监管，$p = 0$ 时表示不监管。

监管的成本：除了平时监管费用 $C_{gm}(A=2)$①外，如果社会投资者违法经营监并且政府监管不力时，当经营事故的概率相应提高时，政府部门将承担后期期望损失成本 $C_{ge}(B=3)$；如果政府部门进行监管时，发现社会投资者在经营过程中的违法经营现象将对其进行罚款 $F_{gti}(C=5)$，同时对公众损失进行补偿 $P_{gtp}(D=0.4)$；当监管效果良好时则进行一系列的鼓励，社会投资者的奖励收益为 R_{gti} $(E=0.2)$。

假定社会投资者以概率 $q=0.5(0 \leqslant q \leqslant 1)$ 采取遵法经营的策略，同理，q 值的高低也将代表社会投资者违法经营的严重程度。社会投资者遵法经营时所获取的正常生产获益为 $I_{io}(L=10)$，而采取违法经营时，则节省相应环保投入成本或者获取额外收益合计为 $I_{wi}(M=4)$，同时如果被政府部门检查出，罚款为 F_{gti} $(C=5)$。如果是有公众举报给政府部门而罚款的一部分 $R_{gtp}(N=0.5)$ 奖励给举报的公众。

假定公众以概率 $r=0.5(0 \leqslant r \leqslant 1)$ 进行举报策略选择，r 值的高低代表公众与周边项目、社会的和谐程度，r 值越高时和谐度越高，反之越低。公众举报的代价为 $C_{pp}(F=0.3)$，举报后由于成功可获得政府的奖励为 $R_{gtp}(N=0.5)$。

1. ABC 水电站 PROT 项目融资利益相关方支付函数

（1）政府部门的支付函数：

$$u_1(s_{11}, s_{21}, s_{31}) = -A$$
$$u_1(s_{11}, s_{21}, s_{32}) = -A$$
$$u_1(s_{11}, s_{22}, s_{32}) = -A$$
$$u_1(s_{11}, s_{22}, s_{31}) = -A-B$$
$$u_1(s_{12}, s_{21}, s_{31}) = 0$$
$$u_1(s_{12}, s_{21}, s_{32}) = 0$$
$$u_1(s_{11}, s_{22}, s_{31}) = 0$$
$$u_1(s_{11}, s_{22}, s_{31}) = -B$$

（2）社会投资者的支付函数：

$$u_2(s_{11}, s_{21}, s_{31}) = L$$
$$u_2(s_{11}, s_{21}, s_{32}) = L$$
$$u_2(s_{11}, s_{22}, s_{32}) = L$$
$$u_2(s_{11}, s_{22}, s_{31}) = L$$
$$u_2(s_{12}, s_{21}, s_{31}) = L+M-C$$
$$u_2(s_{12}, s_{21}, s_{32}) = L+M$$
$$u_2(s_{11}, s_{22}, s_{31}) = L+M$$

---

① 单位：百万元，后文出现均表示此相同单位，不再单独注明

$$u_2(s_{11}, s_{22}, s_{31}) = L + M$$

（3）公众的支付函数：

$$u_3(s_{11}, s_{21}, s_{31}) = -F$$

$$u_3(s_{11}, s_{21}, s_{32}) = -F + N$$

$$u_3(s_{11}, s_{22}, s_{32}) = -F + D$$

$$u_3(s_{11}, s_{22}, s_{31}) = -F$$

$$u_3(s_{12}, s_{21}, s_{31}) = 0$$

$$u_3(s_{12}, s_{21}, s_{32}) = 0$$

$$u_3(s_{11}, s_{22}, s_{31}) = 0$$

$$u_3(s_{11}, s_{22}, s_{31}) = 0$$

2. ABC 水电站 PROT 项目融资利益相关方的收益

假定政府部门所采用的混合策略为 $\theta_1 = (p, 1-p)$；社会投资者所采用的混合策略为 $\theta_2 = (q, 1-q)$；公众所采用的混合策略为 $\theta_3 = (r, 1-r)$。，ABC 水电站政府部门社会投资者和公众三方博弈，如图 8-4 所示。

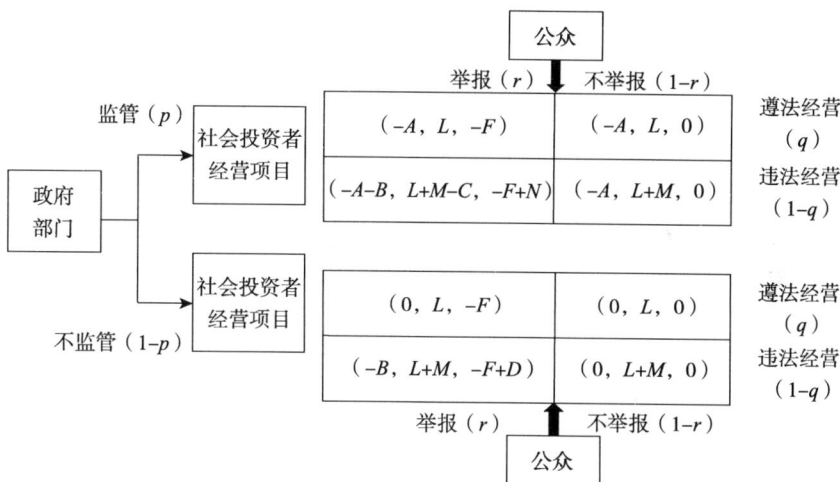

图 8-4 ABC 水电站政府部门、社会投资者和公众三方博弈

博弈上述三方的期望收益分别为

$$E_1 = (\theta_1, \theta_2, \theta_3),\ E_2 = (\theta_1, \theta_2, \theta_3),\ E_3 = (\theta_1, \theta_2, \theta_3)$$

（1）政府部门期望收益：

$$\begin{aligned}
E_1 &= (\theta_1, \theta_2, \theta_3)\\
&= p[qru_1(s_{11}, s_{21}, s_{31}) + q(1-r)u_1(s_{11}, s_{21}, s_{32})\\
&\quad + (1-q)(1-r)u_1(s_{11}, s_{22}, s_{32}) + (1-q)ru_1(s_{11}, s_{22}, s_{31})]\\
&\quad + (1-p)[qru_1(s_{12}, s_{21}, s_{31}) + q(1-r)u_1(s_{12}, s_{21}, s_{32})
\end{aligned}$$

$$+(1-q)(1-r)u_1(s_{12},\ s_{22},\ s_{32})+(1-q)ru_1(s_{12},\ s_{22},\ s_{31})]$$

将政府部门的各支付函数带入上式，可得

$$\begin{aligned}E_1&=(\theta_1,\ \theta_2,\ \theta_3)\\&=p[qr(-A)+q(1-r)(-A)+(1-q)(1-r)(-A)\\&\quad+(1-q)r(-A-B)]\\&=-pqA-pB+pqB-rB+qrB-prB\\&=-0.5\cdot0.5\cdot2-0.5\cdot3+0.5\cdot0.5\cdot3-0.5\cdot3\\&\quad+0.5\cdot0.5\cdot3-0.5\cdot0.5\cdot3\\&=-2.75\end{aligned}$$

（2）社会投资者的期望收益：

$$\begin{aligned}E_2&=(\theta_1,\ \theta_2,\ \theta_3)\\&=q[prL+p(1-r)L+(1-p)(1-r)L+(1-p)rL]\\&\quad+(1-q)[pr(L+M-C)+p(1-r)(L+M)+(1-p)(1-r)(L+M)\\&\quad+(1-p)r(L+M)]\\&=L+M-prC-qM+pqrC\\&=10+4-0.5\cdot0.5\cdot5-0.5\cdot4+0.5\cdot0.5\cdot0.5\cdot5\\&=10.8125\end{aligned}$$

（3）公众的期望收益：

$$\begin{aligned}E_3&=(\theta_1,\ \theta_2,\ \theta_3)\\&=r[qp(-F)+q(1-p)(-F+N)+(1-q)(1-p)(-F+D)\\&\quad+(1-q)p(-F)]+(1-r)[qp(0)+q(1-p)(0)\\&\quad+(1-q)(1-p)(0)+(1-q)p(0)]\\&=r(D-pD-qD+pqD-F+qN-pqN)\\&=0.5(0.4-0.5\cdot0.4-0.5\cdot0.4+0.5\cdot0.5\cdot0.4-0.3\\&\quad+0.5\cdot0.5-0.5\cdot0.5\cdot0.5)\\&=-0.075\end{aligned}$$

3. 经营性公共基础设施 PROT 项目融资经营阶段带熵博弈熵值

$$\begin{aligned}S_o&=-K_o\sum_{j=1}^n P_{ij}\ln_{ij}P_{ij}\\&=-K_o\cdot\{(p\cdot q\cdot r)\cdot\ln(p\cdot q\cdot r)\\&\quad+[p\cdot q\cdot(1-r)]\cdot\ln[p\cdot q\cdot(1-r)]\\&\quad+[p\cdot(1-q)\cdot r]\cdot\ln[p\cdot(1-q)\cdot r]\\&\quad+[p\cdot(1-q)\cdot(1-r)]\cdot\ln[p\cdot(1-q)\cdot(1-r)]\\&\quad+[(1-p)\cdot q\cdot r]\cdot\ln[(1-p)\cdot q\cdot r]\\&\quad+[(1-p)\cdot q\cdot(1-r)]\cdot\ln[(1-p)\cdot q\cdot(1-r)]\end{aligned}$$

$$+[(1-p) \cdot (1-q) \cdot (1-r)] \cdot \ln[(1-p) \cdot (1-q) \cdot (1-r)]$$
$$+[(1-p) \cdot (1-q) \cdot r] \cdot \ln[(1-p) \cdot (1-q) \cdot r]\}$$
$$= -[(0.5 \cdot 0.5 \cdot 0.5) \cdot \ln(0.5 \cdot 0.5 \cdot 0.5)$$
$$+(0.5 \cdot 0.5 \cdot 0.5) \cdot \ln(0.5 \cdot 0.5 \cdot 0.5)$$
$$+(0.5 \cdot 0.5 \cdot 0.5) \cdot \ln(0.5 \cdot 0.5 \cdot 0.5)$$
$$+(0.5 \cdot 0.5 \cdot 0.5) \cdot \ln(0.5 \cdot 0.5 \cdot 0.5)$$
$$+(0.5 \cdot 0.5 \cdot 0.5) \cdot \ln(0.5 \cdot 0.5 \cdot 0.5)$$
$$+(0.5 \cdot 0.5 \cdot 0.5) \cdot \ln(0.5 \cdot 0.5 \cdot 0.5)$$
$$+(0.5 \cdot 0.5 \cdot 0.5) \cdot \ln(0.5 \cdot 0.5 \cdot 0.5)$$
$$+(0.5 \cdot 0.5 \cdot 0.5) \cdot \ln(0.5 \cdot 0.5 \cdot 0.5)]$$
$$=2.079$$

运行阶段整体系统熵最小的情况下，利益相关方收益期望值最大的条件下，带熵博弈模型利用多目标非线性规划求解：

$$\min: S_o = -K_o \sum_{j=1}^{n} P_{ij} \ln_{ij} P_{ij} = -K_o \cdot \{(p \cdot q \cdot r) \cdot \ln(p \cdot q \cdot r)$$
$$+[p \cdot q \cdot (1-r)] \cdot \ln[p \cdot q \cdot (1-r)]$$
$$+[p \cdot (1-q) \cdot r] \cdot \ln[p \cdot (1-q) \cdot r]$$
$$+[p \cdot (1-q) \cdot (1-r)] \cdot \ln[p \cdot (1-q) \cdot (1-r)]$$
$$+[(1-p) \cdot q \cdot r] \cdot \ln[(1-p) \cdot q \cdot r]$$
$$+[(1-p) \cdot q \cdot (1-r)] \cdot \ln[(1-p) \cdot q \cdot (1-r)]$$
$$+[(1-p) \cdot (1-q) \cdot (1-r)] \cdot \ln[(1-p) \cdot (1-q) \cdot (1-r)]$$
$$+[(1-p) \cdot (1-q) \cdot r] \cdot \ln[(1-p) \cdot (1-q) \cdot r]\}$$

$$\max: E = E_1(\theta_1, \theta_2, \theta_3) + E_2(\theta_1, \theta_2, \theta_3) + E_3(\theta_1, \theta_2, \theta_3)$$

其中，

$$E_1 = (\theta_1, \theta_2, \theta_3)$$
$$=p[qr(-A) + q(1-r)(-A) + (1-q)(1-r)(-A) + (1-q)r(-A-B)]$$
$$=-pqA - pB + pqB - rB + qrB - prB$$

$$E_2 = (\theta_1, \theta_2, \theta_3)$$
$$=q[prL + p(1-r)L + (1-p)(1-r)L + (1-p)rL]$$
$$+(1-q)[pr(L+M-C) + p(1-r)(L+M) + (1-p)(1-r)(L+M)$$
$$+(1-p)r(L+M)]$$
$$=L + M - prC - qM + pqrC$$

$$E_3 = (\theta_1, \theta_2, \theta_3)$$
$$=r[qp(-F) + q(1-p)(-F+N) + (1-q)(1-p)(-F+D) + (1-q)p(-F)]$$
$$+(1-r)[qp(0) + q(1-p)(0) + (1-q)(1-p)(0) + (1-q)p(0)]$$

$$= r(D - pD - qD + pqD - F + qN - pqN)$$

其中，K_o 可取值为 1；$A = 2$；$B = 3$；$C = 5$；$D = 0.4$；$E = 0.2$；$L = 10$；$M = 4$；$N = 0.5$；$F = 0.3$。

$$\text{s. t.} \begin{cases} 0 \leqslant p \leqslant 1 \\ 0 \leqslant q \leqslant 1 \\ 0 \leqslant r \leqslant 1 \end{cases}$$

本书采用 Matlab 智能算法来计算运行阶段整体系统熵最小的情况下，利益相关方收益期望值最大的条件下带熵博弈模型利用多目标非线性规划。根据该多目标非线性规划的实际情况，采用基于遗传算法的多目标优化算法来具体地进行计算。

编写程序如下：

为了方便采用基于遗传算法的多目标优化算法，应先将目标函数进行变形，变形为求解最小值的多目标规划。

$$\begin{aligned}
\text{min：} S_o = & -K_o \sum_{j=1}^{n} P_{ij} \ln_{ij} P_{ij} \\
= & -K_o \cdot \{(p \cdot q \cdot r) \cdot \ln(p \cdot q \cdot r) \\
& + [p \cdot q \cdot (1-r)] \cdot \ln[p \cdot q \cdot (1-r)] \\
& + [p \cdot (1-q) \cdot r] \cdot \ln[p \cdot (1-q) \cdot r] \\
& + [p \cdot (1-q) \cdot (1-r)] \cdot \ln[p \cdot (1-q) \cdot (1-r)] \\
& + [(1-p) \cdot q \cdot r] \cdot \ln[(1-p) \cdot q \cdot r] \\
& + [(1-p) \cdot q \cdot (1-r)] \cdot \ln[(1-p) \cdot q \cdot (1-r)] \\
& + [(1-p) \cdot (1-q) \cdot (1-r)] \cdot \ln[(1-p) \cdot (1-q) \cdot (1-r)] \\
& + [(1-p) \cdot (1-q) \cdot r] \cdot \ln[(1-p) \cdot (1-q) \cdot r]\}
\end{aligned}$$

$$\text{min：} E = -[E_1(\theta_1, \theta_2, \theta_3) + E_2(\theta_1, \theta_2, \theta_3) + E_3(\theta_1, \theta_2, \theta_3)]$$

其中，

$$\begin{aligned}
E_1 = & (\theta_1, \theta_2, \theta_3) \\
= & p[qr(-A) + q(1-r)(-A) + (1-q)(1-r)(-A) + (1-q)r(-A-B)] \\
= & -pqA - pB + pqB - rB + qrB - prB
\end{aligned}$$

$$\begin{aligned}
E_2 = & (\theta_1, \theta_2, \theta_3) \\
= & q(prL + p(1-r)L + (1-p)(1-r)L + (1-p)rL) + \\
& (1-q)[pr(L+M-C) + p(1-r)(L+M) + (1-p)(1-r)(L+M) \\
& + (1-p)r(L+M)] \\
= & L + M - prC - qM + pqrC
\end{aligned}$$

$$\begin{aligned}
E_3 = & (\theta_1, \theta_2, \theta_3) \\
= & r[qp(-F) + q(1-p)(-F+N) + (1-q)(1-p)(-F+D)
\end{aligned}$$

$$+(1-q)p(-F)]+(1-r)[qp(0)+q(1-p)(0)$$
$$+(1-q)(1-p)(0)+(1-q)p(0)]$$
$$=r(D-pD-qD+pqD-F+qN-pqN)$$

其中，K_o 可取值为 1；$A=2$；$B=3$；$C=5$；$D=0.4$；$E=0.2$；$L=10$；$M=4$；$N=0.5$；$F=0.3$。

$$\text{s. t.}\begin{cases}0\leqslant p\leqslant 1\\0\leqslant q\leqslant 1\\0\leqslant r\leqslant 1\end{cases}$$

即

$$\begin{aligned}\text{min：}S_o=&-K_o\cdot\{(p\cdot q\cdot r)\cdot\ln(p\cdot q\cdot r)\\&+[p\cdot q\cdot(1-r)]\cdot\ln[p\cdot q\cdot(1-r)]\\&+[p\cdot(1-q)\cdot r]\cdot\ln[p\cdot(1-q)\cdot r]\\&+[p\cdot(1-q)\cdot(1-r)]\cdot\ln[p\cdot(1-q)\cdot(1-r)]\\&+[(1-p)\cdot q\cdot r]\cdot\ln[(1-p)\cdot q\cdot r]\\&+[(1-p)\cdot q\cdot(1-r)]\cdot\ln[(1-p)\cdot q\cdot(1-r)]\\&+[(1-p)\cdot(1-q)\cdot(1-r)]\cdot\ln[(1-p)\cdot(1-q)\cdot(1-r)]\\&+[(1-p)\cdot(1-q)\cdot r]\cdot\ln[(1-p)\cdot(1-q)\cdot r]\}\end{aligned}$$

$$\begin{aligned}\text{min：}E=&-(-pqA-pB+pqB-rB+qrB-prB\\&+L+M-prC-qM+pqrC+r(D-pD-qD+pqD-F\\&+qN-pqN))\end{aligned}$$

其中，K_o 可取值为 1；$A=2$；$B=3$；$C=5$；$D=0.4$；$E=0.2$；$L=10$；$M=4$；$N=0.5$；$F=0.3$。

$$\text{s. t.}\begin{cases}0\leqslant p\leqslant 1\\0\leqslant q\leqslant 1\\0\leqslant r\leqslant 1\end{cases}$$

为了编写程序的需要，将 p，q，r 分别用 x(1)，x(2)，x(3)表示。

首先，编写目标函数的 M 程序：

```
function f = my_first_multi(x)
f(1) = -(x(1) * x(2) * x(3)) * log(x(1) * x(2) * x(3))···
    -(x(1) * x(2) * (1-x(3))) * log(x(1) * x(2) * (1-x(3)))···
    -(x(1) * (1-x(2)) * x(3)) * log(x(1) * (1-x(2)) * x(3))···
    -(x(1) * (1-x(2)) * (1-x(3))) * log(x(1) * (1-x(2)) * (1-x(3)))···
    -((1-x(1)) * x(2) * x(3)) * log((1-x(1)) * x(2) * x(3))···
    -((1-x(1)) * x(2) * (1-x(3))) * log((1-x(1)) * x(2) * (1-x(3)))···
    -((1-x(1)) * (1-x(2)) * (1-x(3))) * log((1-x(1)) * (1-x(2)) * (1-x(3)))···
```

$$-(1-x(1))*(1-x(2))*x(3)*\log((1-x(1))*(1-x(2))*x(3));$$

$f(2)=x(1)*x(2)*2+x(1)*3-x(1)*x(2)*3+x(3)*3-x(2)*x(3)*3+x(1)*x(3)*3-14+x(1)*x(3)*5+x(2)*4-x(1)*x(2)*x(3)*5-x(3)*(0.4-x(1)*0.4-x(2)*0.4+x(1)*x(2)*0.4-0.3+x(2)*0.5-x(1)*x(2)*0.5);$

　　然后，编写程序：my_first_multi(x).m 调用 gamultiobj 函数。

```
clear
clc
fitnessfcn = @my_first_multi;        % Function handle to the fitness function
    nvars = 3;                       % Number of decision variables
    lb = [0, 0, 0];                  % Lower bound
    ub = [1, 1, 1];                  % Upper bound
    A = []; b = [];                  % No linear inequality constraints
    Aeq = []; beq = [];              % No linear equality constraints
    options = gaoptimset('ParetoFraction', 0.3, 'PopulationSize', 100, 'Gen-
erations', 200, 'StallGenLimit', 200, 'TolFun', 1e-100, 'PlotFcns', @gaplotp-
areto);
    [x, fval] = gamultiobj(fitnessfcn, nvars, A, b, Aeq, beq, lb, ub, op-
tions);
```

　　运算结果如下表 8-8 所示。

表 8-8　ABC 水电站 PROT 项目融资熵运营阶段多目标非线性规划结果表

序号	f_1	f_2	x(1)	x(2)	x(3)
1	NaN	−6.57	0.612 08	0	0.695 439 55
2	NaN	−8.69	0.578 602	1	0.083 357 5
3	0.02	−10.01	0.000 658	0.997 646	$2.19×10^{-5}$
4	NaN	−6.41	0.958 137	1	0.530 826 97
5	0.02	−13.99	0.000 661	0.001 057	0.001 343 24
6	NaN	−6.60	0.999 968	1	0.423 955 17
7	NaN	−5.68	0.822 998	1	0.997 639 34
8	0.01	−10.00	0.000 742	0.999 962	0.000 732 01
9	0.02	−10.01	0.000 444	0.998 041	$6.88×10^{-6}$
10	**NaN**	**−9.84**	**0.074 57**	**1**	**0.209 036 05**

序号	f_1	f_2	x(1)	x(2)	x(3)
11	NaN	−9.12	0.266 812	1	0.470 603 09
12	NaN	−9.13	0.372 305	1	0.115 590 61
13	NaN	−8.59	0.453 566	1	0.360 577 32
14	NaN	−5.50	0.985 463	1	0.777 678 21
15	NaN	−7.82	0.780 931	1	0.244 984 54
16	NaN	−6.18	0.758 292	1	0.939 795 08
17	NaN	−9.70	0.125 523	1	0.203 291 23
18	NaN	−7.77	0.565 098	1	0.616 855 46
19	NaN	−5.26	0.913 954	1	0.970 854 39
20	NaN	−7.38	0.655 361	1	0.626 485 71
21	NaN	−6.69	0.691 516	1	0.865 873 73
22	NaN	−5.91	0.876 968	1	0.815 564 33
23	NaN	−7.18	0.919 166	1	0.326 538 53
24	NaN	−7.18	0.852 94	1	0.399 509 21
25	0.02	−10.01	0.000 147	0.998 111	0.000 712 2
26	NaN	−6.67	0.701 852	1	0.854 905 91
27	NaN	−9.69	0.103 079	1	0.658 109 66
28	NaN	−9.38	0.173 403	1	0.666 223 58
29	NaN	−8.73	0.347 603	1	0.561 140 13
30	NaN	−7.88	0.491 121	1	0.752 023 16

上述 30 个非劣解中，第 10 个解为最优解，此时 $f_1=0$，$f_2=-9.84$，$p=0.074$，$q=1$，$r=0.209$，即此时的系统熵为 0，系统的赢得值为 9.84，政府进行监管的概率为 0.074，社会投资者遵法守法的概率为 1，公众举报的概率为 0.209。

经过分析可知，这与实际相符，由于政府对社会投资者违法的惩罚较重，所以社会投资者一般不敢违法。由于政府对公众举报属实后的奖赏力度较低，且公众举报的成本较高，并承担一定的社会风险，所以，公众举报的积极性不高，概率只有 0.209 左右。

因此，系统熵最小的情况下，系统的赢得值最大受系统中该非线性目标函数的约束系数，即随 $A=2$、$B=3$、$C=5$、$D=0.4$、$E=0.2$、$L=10$、$M=4$、$N=0.5$、$F=0.3$ 等变化而变化，是一个动态的优化过程。

8.6　ABC 水电站 PROT 项目融资综合集成管理的建议和措施

ABC 水电站项目采用 PROT 项目融资模式可以有效地解决资金短缺、管理不力、技术混乱等问题，但是，为了实现 ABC 水电站 PROT 项目融资综合集成管理，促进项目的顺利实施，应该采取以下几个方面的措施。

1. ABC 水电站 PROT 项目融资的流程应科学规范

ABC 水电站项目采用 PROT 项目融资模式各个阶段的流程应该在充分调研并结合实际情况的基础上进行。购买阶段、重组提升阶段、运营阶段及移交阶段，这四个大的阶段只是一个框架性的流程，可以根据项目实际运营情况进行合理调整。例如，在最后一个阶段，可以根据项目运营状况来约定是否进行移交或者继续经营。各个阶段之间是相互联系的，前面阶段的流程是后面的基础，只有在购买阶段采用了科学合理的转让方式，项目后期的运营才能顺利地进行下去。

2. ABC 水电站 PROT 项目融资发电权转让的价格要科学合理

ABC 水电站 PROT 项目融资发电权的转让价格要在充分论证的基础上，合理高价中标，既要保证目前业主的利益，使之有一定的收益，也要保证受让方的利益，同时要兼顾项目周边公众的利益。如果转让价格虚高，势必会增加后期的经营成本，这将增加周边公众的用电负担，造成社会的不和谐，同时受让方为了自己的经济利益也会加大水电的开发力度，势必造成周边生态环境的一定破坏。

3. ABC 水电站 PROT 项目融资模式的运行应争取得到政府的支持

和其他项目融资模式一样，PROT 项目融资模式作为一种新的模式，同样需要政府的各方面支持。

(1)政策支持。政府应制定能够适应 PROT 项目融资模式发展的相应法律法规，保证项目融资的顺利实施。

(2)信用支持。政府可以对 ABC 水电站 PROT 项目融资给予信用支持，以增加项目各利益相关方的信心。

4. ABC 水电站 PROT 项目融资模式运行过程中应根据系统项目融资熵的大小动态适时调整

项目融资熵是衡量和判断 ABC 水电站 PROT 项目融资模式运行良好与否的一个重要指标，同时借助霍尔三维模式和 WSR 系统方法论，从物理时效熵、人理结构熵和事理要素熵三个维度来定量判断 ABC 水电站 PROT 项目融资模式运行的三个维度的有序程度，同时，也可以借助项目融资总熵来定量衡量整个

ABC 水电站 PROT 项目融资模式运行的有序程度。可以根据项目运行的有序情况动态实时的对其进行调整。

5. ABC 水电站 PROT 项目融资发电权受让方的选择至关重要

ABC 水电站 PROT 项目融资发电权受让方是 PROT 项目融资顺利运行的关键，关系到项目的技术改造与重组，也关系到项目的经营管理，更是协调项目融资各利益相关方的桥梁和纽带。

在发电权受让方选择的过程中，不能仅仅依靠发电权价格的高低来判定是否作为受让权的候选人。而应该根据价格及受让方的自身经济实力、技术实力、管理水平等方面综合起来考虑。

6. ABC 水电站 PROT 项目融资模式的运行应引入第三方监督评估机制

ABC 水电站 PROT 项目融资模式除了政府的监管和公众的监督之外，还需要引进第三方监督评估机制，定期对 ABC 水电站 PROT 项目融资模式的实施情况进行评估，以促进项目的顺利实施。

8.7 促进云南中小水电项目发展的建议和措施

8.7.1 具体的建议和措施

针对云南省中小水电点多、面广、项目情况各异的特点，应大力发展 PROT 项目融资在水利水电项目中的作用。使中小水电肩负起合力构建云南省电力支柱产业、带动地方经济、保护自然生态环境、支撑"三农"发展的使命。同时，对云南省中小水电开发利用过程中存在的开发管理体制不顺、定位不准确、汛期窝电现象严重、大小网存在利益分配矛盾、电价体制不顺、资源无序开发等问题，要充分考虑，并运用现有的有利条件及时解决，以期做到以下发展目标。

1. 统筹规划， 合理开发， 促进地方经济发展

加强对流域资源的调查和选点规划，按照统筹规划、突出重点、分步实施、加快发展、超前发展、协调发展的原则，做好中小水电规划，这是实现资源优化配置和水资源可持续利用的前提和保证。

将水电资源开发中形成的财富积累，以资金的形式补偿给当地政府和农民，在农村道路建设、农田水利水电建设、农村教育设施、医疗设施等方面增加资金补贴；也要通过水电建设带动地方基础设施（道路、水利、电网、通信等）建设，提高当地的城镇化水平和工业化水平，并尽可能多得吸纳当地农村劳动力，促进农村富余劳动力转移。

2. 优化全省电网建设

一是加快电网建设进度，缓解送电瓶颈制约。二是引导电源合理布局，鼓励

在负荷中心建设电源点，抑制偏远地区水电开发，引导电源合理布局，同时合理补偿电网企业的输电成本。三是加强电网规划和专题研究，优化电网结构。

3. 引导产业布局，消纳丰期水电

一是强化企业发展激励机制。二是加大产业配套建设力度，按照"龙头项目-产业链-产业集群"的发展思路，突出产业特色，全力推进产业链招商。三是建立云南矿产业与电力协同发展的工作机制。四是研究制定季节性电能消纳的指导办法。五是建立及时的信息专报制度。

4. 在原有基础上推动小水电上网电价改革

电价改革现阶段应积极研究丰枯、峰谷电价机制，充分与国家共同制定具有云南特色的具体现实意义的"差别电价"。另外，水电上网电价价格体系中应引入送出电价机制。

5. 加快碳交易市场建设，为某水电发展提供机遇

中小水电作为可再生能源和清洁能源，在大力发展低碳经济的时代其发展前景广阔。建议可以经以下三个步骤建设碳交易市场。第一，构建全国开放性碳交易市场。第二，结合自愿减排（voluntary emission reduction，VER）基于碳强度的总量相对控制的市场机制。第三，逐渐过渡到总量控制的碳市场。

6. 理顺管理体制

加强中小水电开发建设的行业管理，既要加强宏观管理，创造可持续发展的良好环境，也要加强行政管理，强化管理手段，确保 ABC 水电站的有序开发[2]。

8.7.2　建议和措施的可行性分析

1. 法律政策可行性分析

党的十八届三中全会提出，建设生态文明，必须建立系统完整的生态文明制度体系，用制度保护生态环境。要健全自然资源资产产权制度和用途管制制度，实行资源有偿使用制度和生态补偿制度，改革生态环境保护管理体制。

目前，我国正处在改革发展的重要战略机遇期。党的十八届三中全会提出，要改革投融资体制和管理体制，进行适时的放权，摒弃一切阻碍发展的条条框框和不合理制度。上面所列的建议和措施有重要的国家政策支持，国家今后会逐步改革束缚中小水电发展的一些体制和机制，促进中小水电的持续、快速、健康和有序发展。

2. 技术工艺可行性分析

据有关资料统计分析，全国已建成投产的中小型水电站中，有 70% 左右是 20 世纪 90 年代以前建成的。由于上述原因，许多早期（包括部分近期）建设的中小型水电站存在水能资源利用率不高和运行安全可靠性不高等缺点，许多中小型水电站的技术水平还存在较大的提升空间，尤其以水轮机的提升空间最大。

随着科学技术的发展和参与国际交流，以及电子计算机在设计、科研领域的普遍应用，我国的水轮机新技术开发能力有了显著提高，开发的新型水轮机的水力性能、结构等都有了很大进步，用于制造水轮机的材料性能也明显改善，并且我国的水电设备生产能力也获得了大幅度的提升。技术水平与制造能力的提升为我国大力开展中小型水电站的水轮机技术改造提供了必要条件。

3. 经济效益、社会效益和生态环境效益可行性分析

大力开展中小型水电站的技术改造工作是利国利民的事业，是切实可行的。

一方面，从我国已建的中小型水电站的规模与状况分析，中小型水电站的技术改造工作具有显著的经济效益、社会效益及生态效益。一是经济效益方面。如果我国中小型水电站按 60％进行技术改造，且技改效率按机组出力平均提高 10％，技改成本以每千瓦 800 元估算，则中小型水电站通过技改可以新增约 300 万千瓦的水电容量，而技改资金投入仅仅约 24 亿元。由此可见，大力开展中小型水电站技术改造工作是非常合算的。二是社会效益方面。可以为解决我国"三农"问题做出贡献。中小型水电站主要分布在革命老区、民族地区、边远山区和贫困地区。小水电资源是这些地区变资源优势为经济优势和生态优势的主要载体，对促进和保障农业增效、农村发展、农民增收具有不可替代的作用，而中小型水电站的挖潜改造可以起到倍增的效果。三是生态环境效益方面。理论与实践证明，以污染环境和过度消耗自然资源为代价的增长没有前途，加强生态文明建设，实现人与自然和谐相处的可持续发展，才是经济社会发展的必由之路。提高资源的利用效率，加快可再生能源的利用，加大水能资源的开发使用力度，是可持续发展的迫切需要。

另一方面，中小水电站的重新合理发展，对于保护生态环境，具有重要的作用。合理利用水能资源进行发电，产生的经济效益反哺当地生态环境的建设，实现二者之间的良性循环互动。

8.8 本章小结

本章通过 ABC 水电站项目进行了案例应用分析，探讨了 ABC 水电站项目目前面临的问题及应用 PROT 项目融资模式的必要性与可行性，并借助经营性公共基础设施 PROT 项目融资熵度量模型和带熵博弈模型进行了初步分析，探讨了 ABC 水电站项目采用 PROT 项目融资模式后熵的变化及各方之间的博弈。

第 9 章

结论与展望

9.1 研究结论

经营性公共基础设施具有投资额巨大、建设运营周期长、风险高等特点，在项目运营过程中由于受到外界环境的变化或内部因素的影响，往往会产生问题，致使项目运营不畅，最终导致项目的失败。如何有效地解决这一问题，是摆在我们面前的一个难题。

目前，经营性公共基础设施常采用的项目融资模式有 BOT、BT、TOT 及 PPP 等，不同的项目融资模式适用于不同的项目类型，对于以中小水电站为代表的一类经营性公共基础设施，前面的几种融资模式都不能和中小水电站项目实际情况对应，为了解决这一问题，本书提出采用 PROT 项目融资模式尝试解决这一问题，并通过基于霍尔三维模式的综合集成管理模型，有机地将中小水电站的各个方面统一起来，通过项目融资熵这一定量分析工具，对中小水电 PROT 项目融资进行定量分析，探析系统熵的变化，从而分析 PROT 项目融资系统的稳定性及变化趋势。

目前，中小水电站项目运营过程中，出现了诸多的问题，如何有效地解决这一问题，保证中小水电项目能够走出困境，促进项目顺利实施，是目前摆在我们面前的一个难题。基于此原因，本书尝试提出借助 PROT 项目融资模式来解决这一难题，并通过基于霍尔三维模式的综合集成管理机制和动态仿真模型来有效促进中小水电站项目的顺利实施，永续、和谐发展。研究工作及结论总结如下。

(1)在经营性基础设施 BOT、BT、TOT 及 PPP 等项目融资模式研究基础上，从理论创新角度建立了经营性公共基础设施 PROT 项目融资模式。该模式可以从一定程度上解决当前中小水电站项目运行困难的状况。

现有的融资模式，有其相应的适用的范围，并且适应于相应的项目环境。而PROT 项目融资模式则是在综合研究 BOT、BT、TOT 及 PPP 等项目融资模式研究基础上，结合中小水电项目的实际特点和具体情况，从促进项目融资顺利进行的角度出发探讨了经营性公共基础设施 PROT 项目融资模式。这一模式具有购买-升级改造-运营-移交四个环节，这四个基本环节环环相扣保证项目融资的顺利进行。但是，并不是每一个环节都必不可少，特别是第四个环节——移交，可以根据项目实际运营的情况加以改变。

（2）建立了 PROT 项目融资模式的框架、适用范围、运作流程、资产移交、升级改造、运营移交及风险管理，并应用在 ABC 水电站项目上，应用结果表明该框架模式比较适合于中小水电站项目的改造、运营与提升。

PROT 项目融资模式和其他的项目融资模式一样，具有相应的运行框架体系，相应的使用范围，具有规定的运作流程，也有相应的资产移交的要求，如何进行升级改造及如何规避风险都有具体的要求。本书在结合具体的水电站项目实例的基础上，提出了 PROT 项目融资模式的框架、适用范围、运作流程、资产移交、升级改造、运营移交及风险管理。

（3）建立了经营性公共基础设施 PROT 项目融资综合集成管理模型，并构建了该模型的框架结构、运行体系、功能体系及支撑体系等。该模型可以实现经营性公共基础设施项目的综合集成管理，解决由项目涉及的各利益相关方之间产生的"信息孤岛"现象，通过该综合集成管理模型可以将各利益相关方有机地统一起来，保证 PROT 项目融资模式的顺利实施。

霍尔三维模式具有逻辑维、时间维、知识维/专业维等三个维度的系统方法论，可以有效地解决系统工程问题，而 PROT 项目融资本身就是一个复杂的系统，因此，本书借助霍尔三维模式研究 PROT 项目融资模式。同时，为了更好地研究这一问题，本书又将具有东方系统方法论思想的 WSR 理论与霍尔三维模式结合起来，一起用于研究 PROT 项目融资模式，并阐述了该模型的框架结构、运行体系、功能体系及支撑体系等。

（4）研究了经营性公共基础设施 PROT 项目融资霍尔三维模式下系统熵变演进机理，分析了系统中熵的变化规律，从熵的角度定量分析了经营性公共基础设施 PROT 项目融资综合集成管理模型的实施情况，可以有效地通过项目融资熵监控 PROT 项目融资综合集成管理系统的有序、无序状况，提高了 PROT 项目融资模式的实施效率，从而促进中小水电站项目融资的顺利实施。

熵是评价一个系统有序、无序的重要标志，可以帮助衡量系统的有序程度。因此，本书将熵理论引进 PROT 项目融资模式中，通过物理时效熵、事理要素熵和人理结构熵三个维度来定量研究 PROT 项目融资系统的有序度，从而建立基于霍尔三维模式和 WSR 系统方法论的 PROT 项目融资综合集成管理模型。通过熵的变化来定量研究 PROT 项目融资综合集成管理系统的具体情况，并采取相应的措施，保证项目的顺利实施。

(5)利用带熵博弈理论，并在项目融资熵机理研究的基础上，建立了经营性公共基础设施 PROT 项目融资带熵博弈模型，分析了购买阶段和运营阶段的项目融资各利益相关方之间的博弈问题。有效分析了 PROT 项目融资模式中各利益相关方之间在自身利益和整体利益之间的动态变化情况，进而可以通过这一动态变化，来监控 PROT 项目融资模式综合集成管理的实施状况，从而有效地采取相应措施。

PROT 项目融资模式涉及的利益相关方比较多，关系比较复杂，二者之间或者三者之间经常进行博弈，如何对这一问题进行有效地研究，本书在博弈理论和熵理论的基础上提出了 PROT 项目融资带熵博弈模型。通过对 PROT 项目融资购买阶段和运营阶段的带熵博弈分析，建立带熵博弈多目标非线性规划，通过利用 Matlab 工具进行多目标非线性规划求解，对 PROT 项目融资带熵博弈模型进行研究。

(6)本书借助多 Agent 技术和方法，建立经营性公共基础设施 PROT 项目融资霍尔三维模式集成管理仿真模型，对项目融资的购买阶段和运营阶段进行了仿真模拟，建立了 PROT 项目融资霍尔三维模式的动态综合集成管理机制。该动态仿真模型为形象模拟 PROT 项目融资模式在购买和运营阶段的实际状况提供了一种新的思路。

系统仿真技术可以有效地解决一些无法在短时间内实现的并且耗费巨大的项目演示问题，本书根据实际情况借助 NetLogo 系统仿真软件，建立了经营性公共基础设施 PROT 项目融资霍尔三维模式集成管理仿真模型。通过该模型对 PROT 项目融资模式进行了仿真模拟，可以有效地展示 PROT 项目融资模式运行的具体情况，并实时进行监控管理，建立 PROT 项目融资霍尔三维模式的动态综合集成管理机制。

(7)在以中小水电站为代表的经营性公共基础设施 PROT 项目融资模式的理论研究的基础上，通过 ABC 水电站案例研究，使有关 PROT 项目融资的模式、运行体系、项目融资熵及各利益相关方之间的带熵博弈更加具有实用性，并借助仿真技术模拟了购买阶段和运行阶段的情况，为 PROT 创新模式的进一步应用提供了条件。

■9.2　研究评价

本选题是在中小水电站经营出现一系列问题的背景下，结合王松江教授的国家自然基金项目，在此基础上提出来的，如何有效地解决中小水电站出现的难题，本书尝试用 PROT 模式解决这一问题，这在理论研究和方法应用等方面具有一定的难度。

(1)理论研究方面。经营性公共基础设施 PROT 项目是在 BOT、TOT、PPP 等常见融资模式的基础上提出的一个全新融资模式，对于 PROT 项目融资的框架体系、运行体系、功能体系及支撑体系等理论研究方面都具有一定的难度。为了更好地探讨经营性公共基础设施 PROT 项目融资模式的运行状况，本书尝试借助熵理论，从熵的角度研究 PROT 项目融资模式在运行过程中系统熵的变化，从而定量判断项目运行的具体情况，以便及时采取相应的措施。

(2)方法应用方面。由于 PROT 项目融资模式在使用过程中牵涉的利益相关方比较多，在中小水电站发电权转让、水电站技术管理升级改造等方面，不同的社会投资者所采用的方式不同，因此，在具体的应用过程中会出现一些动态的变化，以致 PROT 项目融资模式的具体应用具有一定的难度。

9.3　进一步研究的方向

由于本书研究的难度，有关的研究只是进行到一定的阶段，还没有完全深入下去，还有许多问题需要沿着这一思路深入地研究下去，现将进一步研究的方向总结如下。

(1)经营性公共基础设施 PROT 项目融资综合集成管理模型，是一个复杂的系统，目前的相关研究主要还处于框架的建立、流程的设定等方面。如何更加全面地研究整个体系及体系要素之间的内在关系是一个十分复杂的问题。

(2)对于项目融资熵的研究还比较有限，如何更好地界定这一概念，并有效地应用于 PROT 项目融资系统的研究当中，还有待进一步的思考。PROT 项目融资带熵博弈研究，本书只是进行了购买阶段和运营阶段的探讨，如何全面地进行研究也是今后研究的一个方面。

(3)经营性公共基础设施 PROT 项目融资模式运行过程中熵的定量研究，是一个十分复杂的过程，如何进行更加科学合理的度量是今后研究的一个方向。

(4)经营性公共基础设施 PROT 项目融资带熵博弈研究，在本书中为了研究的方便，做了一些假定，涉及的各利益相关方进行了一定的取舍，没有完全都考虑进去，并且研究的是同一类项目的带熵博弈问题，如何研究全部利益相关方之间的博弈问题也是今后研究的一个方向。

(5)仿真过程是一个高度抽象的过程，为了仿真的运行，本书结合实际情况对实际的 PROT 项目融资模型进行了简化，如何根据实际情况不断地扩充仿真的范围进行更深一步的研究也是今后值得研究的问题。

参考文献

[1] 王松江. 水利水电项目案例调研报告[R]. 2011.

[2] 北极星电力网新闻中心. 云南中小水电站陷入困境 五大集团加速收购[EB/OL]. http://news. bjx. com. cn/html/20110804/300246. shtml, 2011-08-04.

[3] 张改革. 新疆柳树沟水电站项目融资管理研究[D]. 华北电力大学硕士学位论文, 2011.

[4] Modigliani F, Miller M H. The cost of capital, corporation finance, and the theory of investment[J]. American Economic Review, 1958, 48(3): 197-261.

[5] Modigiliani F, Miller M H. Corporate income taxes and the cost of capital: a correction [J]. American Economic Review, 1963, 53(3): 433-443.

[6] Jensen M C, Meekling W. Theory of the firm: managerial behavior, agency costs, and capital structure[J]. Journal of Financial Economics, 1976(3): 305-360.

[7] Ross S A. The determination of financial structure the incentive-signaling approach[J]. Bell Journal of Economics, 1977(8): 23-40.

[8] Myers S C, Majluf N S. Corporate financing and investment decisions when firms have information that investors do not have[J]. Journal of Financial Economics, 1984, 39(3): 579-592.

[9] Johnson S A. Debt maturity and the effects of growth opportunities and liquidity risk on leverage[J]. Review of Financial Studies, 2003, 16(5): 209-236.

[10] Wu L. The impact of ownership structure on debt financing of Japanese firms with the agency cost of free cash flow[J]. Journal of Financial Economics, 2004(3): 8-12.

[11] Demirguc-Kunt A, Maksimovic V. Stock market development and financing choice of firms [J]. World Bank Economic Review, 1996(10): 341-369.

[12] Fan J P H, Titman S, Twite G. An international comparison of capital structure and debt maturity choices[J]. Journal of Financial Economics, 2003(2): 9-18.

[13] Marchica M T. On the relevance of ownership structure in determining the maturity of debt [J]. Journal of Finance, 2005(1): 4-8.

[14] Bayless M, Chaplinsky S. Is there a window of opportunity for seasoned equity issuance [J]. Journal of Finance, 1996(2): 36-42.

[15] Grallam J R, Harvey C R. The theory and practice of corporate finance: evidence from the field[J]. Journal of Financial Economics, 2001(3): 56-59.

[16] Weleh I. Capital structure and stock return[J]. Journal of Political Economy, 2004(3): 106-131.

[17] Akhtar S. The determinants of capital structure for Australian multinational and domestic corporations[J]. Australian Journal of Management, 2005, 30(1): 321-341.

[18] Ford N. Washington looks to hydro to combat climate change[J]. International Water Power&dam Construction, 2009, 1(2): 15-16.

[19] Andreas A. Asset pricing and invest or risk in subordinated asset securitization[J]. Jobs,

2005(6)：10-15.

[20] Mason C F, Ragowsky A. How supplier characteristics influence the value of a supplier management ERP application[J]. Information Technology and Management, 2005, 3(2)：161-180.

[21] Johe R. The review of the capital management in China[J]. International Journal of Project Management, 2007, 4(8)：12-27.

[22] McCarthy S C, Tiong R L K. Financial and contractual aspects of build-operate-transfer projects[J]. International Journal of Project Management, 1991, 9(4)：222-227.

[23] Haley G. Private finance for transportation and infrastructure projects：a view[J]. International Journal of Project Management, 1992, 10(2)：63-68.

[24] Tiong R L K, Alum J. Evaluation of proposals for BOT projects[J]. International Journal of Project Management, 1997, 15(2)：67-72.

[25] Tiong R L K, Alum J. Financial commitments for BOT projects[J]. International Journal of Project Management, 1997, 15(2)：73-78.

[26] Tam C M. Build-operate-transfer model for infrastructure developments in Asia：reasons for successes and failures[J]. International Journal of Project Management, 1999, 17(6)：377-382.

[27] Yeo K T, Tiong R L K. Positive management of differences for risk reduction in BOT projects[J]. International Journal of Project Management, 2000, 18(4)：257-265.

[28] Kumaraswamy M M, Zhang X Q. Governmental role in BOT-led infrastructure development [J]. International Journal of Project Management, 2001, 19(4)：195-205.

[29] Chen M S, Lu H F, Lin H W. Are the nonprofit organizations suitable to engage in BOT or BLT scheme? A feasible analysis for the relationship of private and nonprofit sectors [J]. International Journal of Project Management, 2006, 24(3)：244-252.

[30] Forouzbakhsh F, Hosseini S M H, Vakilian M. An approach to the investment analysis of small and medium hydro-power plants[J]. Energy Policy, 2007, 35(2)：1013-1024.

[31] Chen C. Can the pilot BOT project provide a template for future projects? A case study of the Chengdu No. 6 water plant B project[J]. International Journal of Project Management, 2009, 27(6)：573-583.

[32] Zhao Z Y, Zuo J, Zillante G, et al. Critical success factors for BOT electric power projects in China：thermal power versus wind power [J]. Renewable Energy, 2010, 35 (6)：1283-1291.

[33] Ebrahimnejad S, Mousavi S M, Seyrafianpour H. Risk identification and assessment for build-operate-transfer projects：a fuzzy multi attribute decision making model[J]. Expert Systems with Applications, 2010, 37(1)：575-586.

[34] Wu D, Yin Y F, Lawphongpanich S. Optimal selection of build-operate-transfer projects on transportation networks[J]. Transportation Research Part B：Methodological, 2011, 45 (10)：1699-1709.

［35］Qiu L D，Wang S S．BOT projects：incentives and efficiency［J］．Journal of Development Economics，2011，94(1)：127-138.

［36］Kang C C，Feng C M，Kuo C Y．Comparison of royalty methods for build-operate-transfer projects from a negotiation perspective［J］．Transportation Research Part E：Logistics and Transportation Review，2012，48(4)：830-842.

［37］Auriol E，Picard P M．A theory of BOT concession contracts［J］．Journal of Economic Behavior & Organization，2013，89(0)：187-209.

［38］Clark G L，Root A．Infrastructure shortfall in the United Kingdom：the private finance initiative and government policy［J］．Political Geography，1999，18(3)：341-365.

［39］Spackman M．Public-private partnerships：lessons from the British approach［J］．Economic Systems，2002，26(3)：283-301.

［40］Bing L，Akintoye A，Edwards P J，et al．The allocation of risk in PPP/PFI construction projects in the UK［J］．International Journal of Project Management，2005，23(1)：25-35.

［41］Clifton C，Duffield C F．Improved PFI/PPP service outcomes through the integration of alliance principles［J］．International Journal of Project Management，2006，24(7)：573-586.

［42］Cuthbert J R，Cuthbert M．Why IRR is an inadequate indicator of costs and returns in relation to PFI schemes［J］．Critical Perspectives on Accounting，2012，23(6)：420-433.

［43］Hall A D．Three-dimensional morphology of systems engineering［J］．IEEE Transactions on System Science and Cybernetics，1969，5(2)：156-160.

［44］郭贻晓．基于霍尔三维结构的应急演练模式研究［J］．中国公共安全(学术版)，2013，(1)：53-56.

［45］岳志勇，丁惠．基于霍尔三维结构的技术创新方法培训体系研究［J］．科学管理研究，2013，(2)：20-22，26.

［46］阮中和．基于霍尔三维模式的中小水电站 PROT 项目的特许经营期风险研究［J］．昆明理工大学学报(社会科学版)，2013，(1)：64-71.

［47］王艳伟，王松江，黄宜．基于霍尔三维模式的中小水电站 PROT 与 TOT 比较研究［J］．水电能源科学，2013，(5)：152-154.

［48］李苹．基于霍尔三维结构的企业创造力开发模型的构建与分析［J］．中国市场，2013，(18)：61-62，88.

［49］姜忠鹤，冷护基，闫杰，等．基于霍尔三维结构的质量管理研究［J］．物流科技，2011，(2)：81-82，123.

［50］苏世彬，周小亮．电子商务企业间知识转移中知识产权冲突协调框架研究——基于霍尔三维结构理论视角［J］．福州大学学报(哲学社会科学版)，2012，(2)：16-20.

［51］彭向立．基于霍尔三维结构的基础设施项目投融资风险管理研究［D］．北京交通大学硕士学位论文，2012.

［52］李长海，田晓春，张清华．基于霍尔三维结构的装备保障演习集成化管理初探［J］．装备学院学报，2012，(6)：41-44.

［53］姜忠鹤，闫杰．基于霍尔三维结构的创新研究［J］．物流科技，2013，(3)：111-112.

[54] 杨洋，赵映超，马有才．基于霍尔三维结构的项目风险动态管理研究[J]．科技管理研究，2010，(13)：280-282.

[55] 张金隆，秦浩源．基于霍尔三维结构的科技经费宏观配置模式研究[J]．科技进步与对策，2009，(18)：13-17.

[56] 潘经强．基于霍尔三维结构的地方政府优化发展环境评价体系研究[J]．中国管理信息化，2009，(16)：55-57.

[57] 徐玖平，卢毅．地震灾后重建系统工程的综合集成模式[J]．系统工程理论与实践，2008，(7)：1-16.

[58] 王银华．基于霍尔三维结构理论的高速公路投资项目评价体系的研究[J]．交通标准化，2008，(11)：109-113.

[59] 李金海．基于霍尔三维结构的项目管理集成化研究[J]．河北工业大学学报，2008，(4)：25-29.

[60] 廖鸿志，康青，段鹏．霍尔三维结构与软件开发过程[A]．见：陈光亚．和谐发展与系统工程——中国系统工程学会第十五届年会论文集[C]．上海：上海系统科学出版社，2008：612-615.

[61] 刘舒燕，涂建军．基于霍尔三维结构理论的物流一体化实施步骤与方法[J]．武汉理工大学学报(信息与管理工程版)，2006，(10)：97-101.

[62] 李芬花，纪昌明，赵守和．水利水电工程霍尔三维结构图的研究[J]．水利水电技术，2006，(12)：27-29.

[63] 李海文．谈霍尔三维结构法在社会治安防控体系建设中的运用[J]．公安学刊·浙江公安高等专科学校学报，2003，(3)：38-41.

[64] 沈梅芳．霍尔三维空间理论在组织机构代码工作中的运用[J]．中国标准化，1995，(8)：24-27.

[65] 侯丽，王松江．基于模糊故障树的TOT水电站项目风险研究[J]．项目管理技术，2012，(5)：52-57.

[66] 彭程，王松江．BOT项目融资风险评估及对策研究——以一级公路隧道为例[J]．昆明理工大学学报(社会科学版)，2011，(6)：71-75.

[67] 孙荣霞．基于霍尔三维结构的公共基础设施PPP项目融资模式的风险研究[J]．经济经纬，2010，(6)：142-146.

[68] 鲁夏琼．BOT-BT-TOT集成融资模式运营体系研究[D]．昆明理工大学硕士学位论文，2011.

[69] 王登霄，王松江．成渝高速公路TOT项目融资风险评估的研究[J]．项目管理技术，2010，(12)：97-103.

[70] 饶良辉，王松江．基于霍尔三维模型的公共基础设施TOT项目融资集成研究[J]．项目管理技术，2009，(12)：34-38.

[71] 周春芳．土地整理项目PPP模式研究综述[J]．国土资源科技管理，2012，(2)：41-45.

[72] 侯丽，王松江．基于收费公路PPP项目特许经营权定价影响因素研究[J]．项目管理技术，2012，(2)：26-29.

[73] 杨晓庄，徐艳娟，王欣. 高速公路建设 BOT 融资模式探讨——以黑龙江省为例[J]. 哈尔滨商业大学学报(社会科学版)，2012，(1)：119-124.

[74] 李力. 经营性公共基础设施 BOT-TOT-PPP 项目集成风险研究[J]. 项目管理技术，2011，(5)：23-27.

[75] 陈波，徐成桂. PPP 融资模式的风险分配方法[J]. 交通科技与经济，2011，(1)：126-128.

[76] 黄婉意. 城市基础设施的融资模式及其路径的选择——基于 BOT、TOT、PPP 融资模式的比较分析[J]. 广西轻工业，2010，(10)：146-148.

[77] 邓学芬，迟宁. 论 PPP 模式在旅游项目开发中的应用[J]. 四川经济管理学院学报，2010，(1)：46-49.

[78] 白剑峰. 工程项目 PFI 模式风险识别技术[J]. 科技创新导报，2010，(35)：108.

[79] 高立昕，王松江. BOT 项目融资模式问题及对策措施[J]. 项目管理技术，2010，(12)：26-30.

[80] 程华. 利用 BOT 和 TOT 模式对老挝的公共基础设施建设进行研究[J]. 项目管理技术，2009，(S1)：684-686.

[81] 刘晓燕，王松江. BOT 与 TOT 模式在缅甸的组合应用研究[J]. 项目管理技术，2009，(S1)：134-137.

[82] 孙荣霞，王松江. 公共基础设施 BOT/TOT/PPP 项目环境影响评价[J]. 生产力研究，2009，(23)：83-86.

[83] 高丽峰，戴大双，沈涛. 基于委托—代理理论的 BOT 项目特许期研究[J]. 科学学与科学技术管理，2008，(8)：140-144，155.

[84] 期海明. 商业银行参与 BT 项目融资法律风险分析——以经济适用住房建设为例[J]. 广西金融研究，2008，(10)：55-57.

[85] 尤荻，王松江. 公共基础设施项目的动态融资理论研究——动态融资过程研究[J]. 现代商业，2007，(16)：53-55.

[86] 王海生，何德宏，黄渝祥. 城市轨道交通公私合作投资模式的风险分析[J]. 城市轨道交通研究，2005，(3)：13-16.

[87] 杨茜，邓春林，黄芳，等. 体育场馆 BOT 融资中政府面临的风险及其防范[J]. 首都体育学院学报，2005，(5)：1-3.

[88] 李秀辉，张世英. PPP：一种新型的项目融资方式[J]. 中国软科学，2002，(2)：52-55.

[89] 李滔，金正富. BOT 项目融资初探[J]. 西安公路交通大学学报，1996，(1)：61-65.

[90] 王艳伟，王松江，黄宜. 基于物理-事理-人理(WSR)系统方法论的 TOT 项目综合集成管理研究——以水电能源项目为例[J]. 水利经济，2013，(1)：38-42，77.

[91] 陈曦. 基于霍尔三维模式的 BOT、BT 与 TOT 集成融资模式研究[D]. 昆明理工大学硕士学位论文，2011.

[92] 鲁夏琼，王松江. GJ-DT 公路隧道项目 BOT-BT-TOT 集成融资模式运营体系研究[J]. 项目管理技术，2010，(10)：17-21.

[93] 彭程，王松江，吴疆. 昆明快速公交系统项目综合集成融资模式研究[J]. 项目管理技

术，2010，（12）：38-41.

[94] 王艳伟，王松江，潘发余. BOT-TOT-PPP 项目综合集成融资模式研究[J]. 科技与管理，2009，（1）：44-49.

[95] 孙荣霞，王松江. 关于城市基础设施项目融资结构框架的研究[J]. 经济经纬，2009，（2）：75-78.

[96] 王立国，刘禹. 基于价值集成理论的城市基础设施项目投融资模式探讨[J]. 投资研究，2009，（3）：54-57.

[97] 李力. 基于 ZOPP 方法的中小水电优化项目问题研究[J]. 昆明理工大学学报(社会科学版)，2013，（2）：81-87.

[98] 李文佩，王松江. 基于 WSR-FAHP 的水电项目融资风险评价——以云南省 J 水电站项目为例[J]. 项目管理技术，2012，（5）：46-51.

[99] 李璞，王松江. 基于 WSR-巴拉特方法的 TOT 水电项目融资定价[J]. 水利水电技术，2012，（9）：95-98.

[100] 王倩. 我国大型水电建设项目投融资模式探讨[D]. 西南财经大学硕士学位论文，2011.

[101] 周章贵，董国锋. 合同能源管理——小水电增容改造项目融资新模式[J]. 小水电，2009，（4）：32-36.

[102] 李明. 我国小水电项目的资产证券化模式探讨[J]. 水利水电科技进展，2009，（2）：66-70.

[103] 燕宏川. 我国水电项目融资问题研究[D]. 西南财经大学硕士学位论文，2008.

[104] 葛俊. 我国大型水电建设项目融资战略研究[D]. 重庆大学硕士学位论文，2008.

[105] 李鑫，王松江. 澜沧江—湄公河次区域水电开发项目融资研究——越南水电开发研究[J]. 水利水电技术，2007，（1）：74-77.

[106] 吴怀岗. 我国智能电网运营管理机制的复杂性及应对策略[J]. 现代经济探讨，2013，（4）：36-40.

[107] 刘燕花. 公共工程项目综合集成管理研究[J]. 西安建筑科技大学学报(社会科学版)，2012，（5）：42-45，57.

[108] 谢坚勋. 超高层建筑项目综合集成管理探讨[J]. 项目管理技术，2011，（6）：63-66.

[109] 邱大灿，程书萍，葛秋东. 大型工程前期决策综合集成管理模式研究——港珠澳大桥建设管理理论思考[J]. 建筑经济，2011，（8）：44-47.

[110] 张毅波. 大型水利枢纽综合集成管理系统分析与设计[D]. 华中科技大学硕士学位论文，2010.

[111] 盛昭瀚，游庆仲，李迁. 大型复杂工程管理的方法论和方法：综合集成管理——以苏通大桥为例[J]. 科技进步与对策，2008，（10）：193-197.

[112] 盛昭瀚，游庆仲. 综合集成管理：方法论与范式——苏通大桥工程管理理论的探索[J]. 复杂系统与复杂性科学，2007，（2）：1-9.

[113] 沈小平，马士华. 基于人-机-网络一体化的综合集成管理支持系统研究[J]. 系统工程理论与实践，2006，（8）：86-90.

[114] 顾基发，唐锡晋. 综合集成方法的理论及应用[J]. 系统辩证学学报，2005，（4）：1-

7，22.

[115] 王昕博. 基于市场需求的交通 BOT 项目特许决策模型[D]. 大连理工大学硕士学位论文，2013.

[116] 陈星光. PPP 项目融资模式下的委托代理博弈模型[J]. 科技与经济，2013，（2）：56-60.

[117] 俞潇阳，周晶，吴孝灵. 大型跨界工程项目融资的博弈分析[J]. 软科学，2012，（1）：30-35.

[118] 刘宪宁. 城市轨道交通项目 PPP 融资模式风险管理研究[D]. 青岛理工大学硕士学位论文，2011.

[119] 吴孝灵. 基于博弈模型的 BOT 项目利益相关者利益协调机制研究[D]. 南京大学硕士学位论文，2011.

[120] 鲍海君，申立银，吴宇哲. 基础设施 BOT(build-operate-transfer)项目特许权期决策的 Bargaining 博弈模型[J]. 浙江大学学报(理学版)，2010，（2）：160-165.

[121] 刘辉. 创业团队合作成员进入和退出行为的 NetLogo 仿真研究[J]. 五邑大学学报(自然科学版)，2013，（2）：42-47.

[122] 单红梅，胡恩华，郭霞修. 服务外包企业的网络能力对创新绩效影响研究[J]. 科技与经济，2013，（3）：56-61.

[123] 王春梅，金维兴，王非. 品牌生命轨迹变化探讨[J]. 商业时代，2012，（35）：26-28.

[124] 龚波，肖国安，张四梅. 粮食经济的多智能体仿真方法研究——基于中外粮食企业主体行为的博弈分析[J]. 湘潭大学学报(哲学社会科学版)，2012，（5）：24-29.

[125] 刘小波. 基于 NetLogo 平台的舆情演化模型实现[J]. 情报资料工作，2012，（1）：55-60.

[126] 龚承柱，李兰兰，柯晓玲，等. 基于 multi-agent 的煤矿水害演化模型[J]. 煤炭学报，2012，（6）：1005-1009.

[127] 阮国祥，阮平南，宋静. 创新网络成员知识共享演化博弈仿真分析[J]. 情报杂志，2011，（2）：100-104.

[128] 程国建，颜宇甲，强新建，等. 基于多 Agent 的生态复杂适应系统建模和仿真[J]. 西安石油大学学报(自然科学版)，2011，（2）：99-103，123.

[129] 陈齐. PSO 算法在人群应急疏散模拟的研究与应用[D]. 中山大学硕士学位论文，2011.

[130] 李艳，吴介军，平原，等. 基于 Netlogo 的高校保密项目管理仿真与分析[J]. 计算机技术与发展，2011，（4）：164-167.

[131] 颜宇甲，程国建，毛书君. 基于多 Agent 系统的生态系统建模和仿真[A]. 见：杨晓虎，程国建，王佐仁. 第十二届中国青年信息与管理学者大会论文集[C]. 香港：Global-Link Publisher，2010：154-158.

[132] 张炳，毕军，袁增伟，等. 基于 Agent 的区域排污权交易仿真与分析[J]. 系统仿真学报，2008，（20）：5651-5654，5660.

[133] 张经阳，王松江. 基于 WSR——管理熵的煤矿建设项目安全管理绩效评价[J]. 生产力研究，2013，（3）：96-99，148.

［134］姬荣斌，何沙，钟雄．油气企业安全生产的 WSR 模型及其分析研究［J］．中国安全科学学报，2013，（5）：139-144.

［135］赵金楼，李根，苏屹．改进 AHP-FCE 的造船企业节能减排评价［J］．哈尔滨工程大学学报，2012，（12）：78-83.

［136］刘怡君．基于多主体的舆论建模与仿真研究［J］．上海理工大学学报，2011，（4）：331-336.

［137］顾基发，徐山鹰，房勇，等．世博会排队集群行为研究［J］．上海理工大学学报，2011，（4）：312-320.

［138］毕星．基于项目管理理论的工程项目成本管理系统研究［D］．天津大学博士学位论文，2007.

［139］丁韶华．项目融资中的控制权配置［D］．南京大学博士学位论文，2013.

［140］于景元，周晓纪．从综合集成思想到综合集成实践方法、理论、技术、工程［A］．见：中国科学院系统科学研究所-上海理工大学上海系统科学研究院成立暨上海理工大学系统科学与系统工程研究所建所 25 周年，2005：33-42.

［141］刘华文．基于信息熵的特征选择算法研究［D］．吉林大学博士学位论文，2010.

［142］王镜．基于博弈分析的城市公共交通定价及补贴的理论与方法研究［D］．北京交通大学博士学位论文，2008.

［143］王海燕．大型低速船用柴油机建模与系统仿真［D］．大连海事大学博士学位论文，2007.

［144］吴文烨．项目区分理论下基础设施投融资方式研究［D］．湖南大学硕士学位论文，2010.

［145］顾基发，唐锡晋，朱正祥．物理-事理-人理系统方法论综述［J］．交通运输系统工程与信息，2007，（6）：51-60.

［146］于景元．钱学森综合集成体系［J］．西安交通大学学报（社会科学版），2006，（6）：40-47.

［147］顾基发．物理事理人理系统方法论的实践［J］．管理学报，2011，（3）：317-322，355.

［148］蒋本铁，郭亚军．具有"三维"特征的综合评价方法［J］．东北大学学报，2000，（2）：140-143.

［149］黄恒振．基于系统工程的投标管理研究［J］．工程管理学报，2010，（5）：493-497.

［150］钱学森，于景元，戴汝为．一个科学新领域——开放的复杂巨系统及其方法论［A］．见：许国志．科学决策与系统工程——中国系统工程学会第六次年会论文集［C］．北京：中国科学技术出版社，1990：10-17.

［151］于景元，刘毅，赵军．开放的复杂巨系统的方法论——从定性到定量综合集成方法［A］．见：张嗣瀛．1997 年国控制与决策学术年会论文集［C］．沈阳：东北大学出版社，1997：49-53.

［152］于景元，周晓纪．综合集成方法与系统工程的发展［A］．见：高科技产业的系统工程管理论文集［C］，2003：14-28.

［153］于景元，涂元季．钱学森对系统科学和系统工程的贡献［A］．见：宋健．钱学森科学贡献暨．学术思想［C］．北京：中国科学技术出版社，2001：232-237.

［154］姜璐．熵——描写复杂系统结构的一个物理量［J］．系统辩证学学报，1994，（4）：

50-55.

[155] 孔繁玲. 论熵变[J]. 理论探讨, 1996, (4): 40-42.

[156] 李伟钢. 复杂系统结构有序度——负熵算法[J]. 系统工程理论与实践, 1988, (4): 15-22.

[157] 王西星, 任佩瑜. 一种新的绩效评价方法: 管理熵评价模型[J]. 现代管理科学, 2009, (6): 100-102.

[158] 任佩瑜, 宋勇, 张莉. 论管理熵、管理耗散结构与我国企业文化的重塑[J]. 四川大学学报(哲学社会科学版), 2000, (4): 45-49.

[159] 冯刚, 任佩瑜, 朱忠福, 等. 基于管理熵的"数字九寨沟"综合绩效评价研究[J]. 旅游学刊, 2010, (2): 72-78.

[160] 任佩瑜, 张莉, 宋勇. 基于复杂性科学的管理熵、管理耗散结构理论及其在企业组织与决策中的作用[J]. 管理世界, 2001, (6): 142-147.

[161] 吴玲, 任佩瑜, 陈维政, 等. 管理系统中的熵理论及利益相关者框架下企业综合绩效的熵值评估法[J]. 软科学, 2004, (1): 36-39, 43.

[162] 熊学兵. 基于耗散结构理论的知识管理系统演化机理研究[J]. 中国科技论坛, 2010, (4): 108-112.

[163] 武飞飞. 基于管理熵理论的企业投资决策研究[D]. 天津大学硕士学位论文, 2009.

[164] 李贻伟. 基于管理熵和满意度的企业综合集成评价方法研究[J]. 软科学, 2011, (7): 120-123.

[165] 熊学兵. 基于管理熵、管理耗散结构的企业知识管理绩效评价[J]. 财贸研究, 2009, (1): 152-153.

[166] 熊学兵. 基于复杂性科学管理熵理论的公共管理绩效评价研究[J]. 财贸研究, 2010, (2): 76-81.

[167] 熊学兵, 任佩瑜. 基于超循环理论的组织知识管理系统演化研究[J]. 经济经纬, 2010, (1): 89-92.

[168] 程启月. 评测指标权重确定的结构熵权法[J]. 系统工程理论与实践, 2010, (7): 1225-1228.

[169] 赵萌, 邱菀华, 刘北上. 基于相对熵的多属性决策排序方法[J]. 控制与决策, 2010, (7): 1098-1100, 1104.

[170] 程启月, 邱菀华, 付毅峰. 基于系统时效熵的指挥流程效率评估方法[J]. 系统工程理论与实践, 2008, (4): 155-158.

[171] 唐葆君, 邱菀华, 孙星. 基于熵理论的企业危机预警模型研究[J]. 控制与决策, 2009, (1): 113-117, 121.

[172] 邱菀华, 刘北上, 侯琳琳. 基于熵可靠性的相对熵集结模型[J]. 系统工程, 2008, (5): 80-84.

[173] 程启月, 邱菀华. 基于复熵理论的群组决策风险控制方法研究[J]. 苏州市职业大学学报, 2009, (2): 64-66.

[174] 杜宾, 邱菀华. 基于复熵的合作群决策模型研究[A]. 见:《中国管理学科》编辑部. 第

十一届中国管理科学学术年会论文集[C]. 北京：中国管理科学，2009：44-49.

[175] 姜殿玉. 管理科学中的带熵博弈论[D]. 大连海事大学博士学位论文，2008.

[176] 苏翔，窦培华. 一种基于带熵的遗传算法在车间调度中的应用[J]. 中国管理科学，2008，(S1)：142-146.

[177] 童佳. 二手车交易风险研究及其博弈分析[D]. 北京交通大学博士学位论文，2010.

[178] 童佳，关忠良，刘小刚. 非对称信息下二手车交易市场博弈问题研究[J]. 生产力研究，2008，(20)：75-77.

[179] 罗姮，葛玉辉. 企业外部招聘"二手车"现象的博弈分析[J]. 现代管理科学，2008，(3)：22-23，54.

[180] 赵人可，高杰，唐宝庆. 双价格二手车交易博弈的贝叶斯均衡解[J]. 湖南工业大学学报，2010，(2)：30-31，53.

[181] 田晓青，邓忠. 房地产发展的多方博弈分析[J]. 湖南农业大学学报(社会科学版)，2007，(1)：64-65，68.

[182] 孙永波，耿千淇. 基于四方博弈的煤炭安全生产机理研究[J]. 煤炭经济研究，2009，(3)：78-80.

[183] 段保红. 项目治理中利益相关方博弈模型研究[J]. 中国煤炭，2009，(5)：26-30.

[184] 臧宁宁. 项目治理中利益相关方合作博弈关系研究[D]. 山东大学硕士学位论文，2008.

[185] 韩晓文. 城市公共绿地建设的多方博弈分析[D]. 中南大学硕士学位论文，2009.

[186] 张菁菁. 电动汽车充电设施建设与发展的多方博弈分析[D]. 北京交通大学硕士学位论文，2011.

[187] 毛坤. 水电项目利益相关方治理关系构建的过程模型研究[D]. 山东大学硕士学位论文，2012.

[188] 张丽文，张云波，沈登民，等. 限购令下房地产市场的多方博弈分析[J]. 武汉理工大学学报(信息与管理工程版)，2012，(3)：387-389.

[189] 陈悦峰，董原生，邓立群. 基于 Agent 仿真平台的比较研究[J]. 系统仿真学报，2011，(S1)：110-116.

[190] 朱江，伍聪. 基于 Agent 的计算机建模平台的比较研究[J]. 系统工程学报，2005，(2)：160-166.

[191] 方美琪，宗骁. 一种普及型的建模环境——Starlogo[J]. 计算机教育，2003，(1)：71.

[192] 童梅，杨晓光，吴志周. Netlogo——一个方便实用的交通仿真建模工具[A]. 见：第一届中国智能交通年会组委会. 第一届中国智能交通年会论文集[C]. 上海：同济大学出版社，2005：1007-1012.

[193] 丁浩，杨小平. SWARM——一个支持人工生命建模的面向对象模拟平台[J]. 系统仿真学报，2002，(5)：569-572.

[194] 姜昌华，韩伟，胡幼华. REPAST——一个多 Agent 仿真平台[J]. 系统仿真学报，2006，(8)：2319-2322.

附录 A：购买阶段仿真程序代码

```
globals [
    group-sites      ;; agentset of patches where groups are located
    deal-groups    ;; how many groups are unagreement
    undeal-groups   ;; how many groups are agreement
    patch-kinds      ;; patch kinds
    patch-good-package
    patch-good-unpackage
    patch-bad-unpackage
    patch-bad-package
]
turtles-own [
    t-earning
    ]
patches-own[p-earning]
to setup
    clear-all
    setup-patches
    setup-turtles
    move-turtles
    show-earning
    entropy-calculation
    do-plots
end
to go
        come-to-agreement1
        come-to-agreement2
        come-to-agreement3
        come-to-agreement4
        come-to-unagreement1
        come-to-unagreement2
        come-to-unagreement3
        come-to-unagreement4
```

```
    ask turtles[
    ask turtles with [color = sky] [ if not any? turtles-on patch-ahead 1
       [rt 90
         fd 1 ]
       set t-earning 0                      ]
    ifelse (color = black) or (color = red) or (color = orange) or (color =
pink) or (color = brown)
                        [stop]
                        [lt 90
                          fd 1]
    ]
    entropy-calculation
    do-plots
    end
    to setup-patches
      ask patches[set pcolor  white]
      ask  n-of ( 200 * rate-of-good * rate-of-package / 10000)  patches [set
pcolor green]
      ask  n-of ( 200 * (100-rate-of-good) * rate-of-package / 10000)  pat-
ches [set pcolor violet]
      ask  n-of ( 200 * (100 - rate-of-good) * (100 - rate-of-package )/
10000)  patches [set pcolor yellow]
      ask  n-of ( 200 * (rate-of-good) * (100 - rate-of-package) / 10000)
patches [set pcolor pink]
    end
    to setup-turtles
      set-default-shape turtles "person"
      create-turtles number-investor [
      set size 1                        ;; be easier to see
      set color sky
      setxy random-pxcor random-pycor ]
    end
    to move-turtles
    ask turtles [
      setxy random-pxcor random-pycor
```

```
move-to one-of patches with [pcolor = white]
]
end
to come-to-agreement1      ;; goog and package and agreement
ask turtles [
if pcolor = green [
set pcolor black
set t-earning (t-earning + 8)
set p-earning (p-earning + 8)
set color red
]
]
end
to come-to-agreement2      ;; goog and unpackage and agreement
ask turtles [
if pcolor = yellow [
set pcolor black
set t-earning (t-earning + 10)
set p-earning (p-earning + 6)
set color orange
]
]
end
to come-to-agreement3      ;; bad and unpackage and agreement
ask turtles [
if pcolor = violet [
set pcolor black
set t-earning (t-earning + 4)
set p-earning (p-earning + 2)
set color pink
]
]
end
to come-to-agreement4      ;; bad and package and agreement
ask turtles [
```

```
if pcolor = pink [
set pcolor black
set t-earning (t-earning - 2)
set p-earning (p-earning + 4)
set color brown
]
]
end
to come-to-unagreement1        ;; goog and package and unagreement
ask turtles [
if pcolor = green [
set pcolor black
set p-earning (p-earning - 2)
set color gray
]
]
end
to come-to-unagreement2        ;; goog and unpackage and unagreement
ask turtles [
if pcolor = yellow [
set pcolor black
set p-earning (p-earning + 10)
set color lime
]
]
end
to come-to-unagreement3        ;; bad and unpackage and unagreement
ask turtles [
if pcolor = violet [
set pcolor black
set p-earning (p-earning + 6)
set color violet
]
]
end
```

```
to come-to-unagreement4        ;; bad and package and unagreement
ask turtles [
if pcolor = pink [
set pcolor black
set p-earning (p-earning - 2)
set color magenta
]
]
end
to show-earning
  ask turtles[
     set label t-earning
  ]
end
to entropy-calculation
  show   ((- count turtles with [color = red]) / number-investor   * log 2
( (count turtles with [color = red] + 1) / number-investor )
+ ( - count turtles with [color = orange]) / number-investor   * log 2 (
(count turtles with [color = orange] + 1) / number-investor)
+ ( - count turtles with [color = pink]) / number-investor   * log 2 (
(count turtles with [color = pink] + 1) / number-investor )
+ ( - count turtles with [color = brown]) / number-investor   * log 2 (
(count turtles with [color = brown] + 1) / number-investor)
+ ( - count turtles with [color = gray]) / number-investor   * log 2 (
(count turtles with [color = gray] + 1) / number-investor )
+ ( - count turtles with [color = lime]) / number-investor   * log 2(
(count turtles with [color = lime] + 1) / number-investor )
+ ( - count turtles with [color = violet]) / number-investor   * log 2 (
(count turtles with [color = violet] + 1) / number-investor )
+ ( - count turtles with [color = magenta]) / number-investor   * log 2
( (count turtles with [color = magenta] + 1) / number-investor)
)
end
to do-plots
set-current-plot "totals"
```

```
set-current-plot-pen "turtles"
plot count turtles with [color = sky]
set-current-plot-pen "patches"
plot count patches with [pcolor = black]
set-current-plot "numbers"
set-current-plot-pen "g-p-agreement"
plot count turtles with [color = red]
set-current-plot-pen "g-unp-agreement"
plot count turtles with [color = yellow]
set-current-plot-pen "b-unp-agreement"
plot count turtles with [color = pink]
set-current-plot-pen "b-p-agreement"
plot count turtles with [color = brown]
set-current-plot "problems"
set-current-plot-pen "g-p-unagreement"
plot count turtles with [color = gray]
set-current-plot-pen "g-unp-unagreement"
plot count turtles with [color = lime]
set-current-plot-pen "b-unp-unagreement"
plot count turtles with [color = violet]
set-current-plot-pen "b-p-unagreement"
plot count turtles with [color = magenta]
set-current-plot "entropy-calculation"
set-current-plot-pen "entropy-calculation"
plot
((— count turtles with [color = red]) / number-investor   * log 2 (
(count turtles with [color = red] + 1) / number-investor )
+ ( — count turtles with [color = orange]) / number-investor   * log 2 (
(count turtles with [color = orange] + 1) / number-investor)
+ ( — count turtles with [color = pink]) / number-investor   * log 2 (
(count turtles with [color = pink] + 1) / number-investor )
+ ( — count turtles with [color = brown]) / number-investor   * log 2 (
(count turtles with [color = brown] + 1) / number-investor)
+ ( — count turtles with [color = gray]) / number-investor   * log 2 (
(count turtles with [color = gray] + 1) / number-investor )
```

$+$（$-$ count turtles with [color $=$ lime]）/ number-investor　$*$　log 2（
(count turtles with [color $=$ lime] $+$ 1）/ number-investor ）

$+$（$-$ count turtles with [color $=$ violet]）/ number-investor　$*$　log 2（
(count turtles with [color $=$ violet] $+$ 1）/ number-investor ）

$+$（$-$ count turtles with [color $=$ magenta]）/ number-investor　$*$　log 2
（(count turtles with [color $=$ magenta] $+$ 1）/ number-investor)

）

end

附录 B：运营阶段仿真程序代码

```
globals [
  compliance
]
breed [public a-public]   ;; sheep is its own plural, so we use "a-sheep" as
the singular.
breed [government a-government]
turtles-own [
  t-p-earning
  t-g-earning
]
patches-own[p-earning]
to setup
  clear-all
  setup-patches
  setup-turtles
  move-turtles
  show-earning
  entropy-calculation
  do-plots
end
to go
    ;; reset-ticks
    ;; if ticks >= 500 [ stop ]
  report-compliance
  report-uncompliance
  unreport-compliance
  unreport-uncompliance
  move-turtles2
  report-supervision-compliance
  report-supervision-uncompliance
  report-unsupervision-compliance
  report-unsupervision-uncompliance
```

```
        unreport-supervision-compliance
        unreport-supervision-uncompliance
        unreport-unsupervision-compliance
        unreport-unsupervision-uncompliance
    ask public [
        ask public  [ if not any? public-on patch-ahead 1
            [rt 90
              fd 1 ]
            ]
        ask public[
        ifelse (color = cyan) or (color = turquoise) or (color = brown) or (color
= gray)
                            [stop
                              setxy random-pxcor random-pycor]
                            [rt 90
                              fd 2
                              setxy random-pxcor random-pycor]
                                ]
        ]
      ask government [
          ask government  [ if not any? government-on patch-ahead 1
          [rt 90
            fd 1 ]
          ]
        ask government[
        ifelse (color = orange) or (color = blue) or (color = sky) or (color =
lime)
                  or (color = magenta) or (color = black) or (color = green) or
(color = violet)
                            [stop
                              setxy random-pxcor random-pycor]
                            [lt 90
                              fd 2
                              setxy random-pxcor random-pycor]
                                ]
```

```
    set t-p-earning 0
    sct t-g-carning 0
    set p-earning 0          ]
    entropy-calculation
    ;; tick
    do-plots
    end
    to setup-patches
        ask patches  [set pcolor  white]
        ask  n-of ( number-investor * rate-of-compliance  / 100)  patches
[set pcolor green]
        ask  n-of ( number-investor * (100 - rate-of-compliance)  / 100)
patches [set pcolor violet]
    end
    to setup-turtles
        set-default-shape public "person"
        create-public number-public [
        set size 0. 8                    ;; be easier to see
        set color sky
        setxy random-pxcor random-pycor ]
        ask  n-of ( number-public * rate-of-report  / 100)  public [set color
red]
        ask  n-of ( number-public * (100 - rate-of-report)  / 100)  public
[set color green]
    set-default-shape government "person police"
    create-government number-government [
    set size 0. 8                    ;; be easier to see
    set color red
    setxy random-pxcor random-pycor ]
    ask   n-of ( number-government * rate-of-supervision  / 100 )
government [set color yellow]
    ask  n-of ( number-government * (100 - rate-of-supervision)  / 100)
government [set color pink]
    end
    to move-turtles
```

```
ask public [
   setxy random-pxcor random-pycor
move-to one-of patches with [pcolor = white]
]
ask government [
  setxy random-pxcor random-pycor
  move-to one-of patches with [pcolor = white]
]
end
to move-turtles2
ask public [
   setxy random-pxcor random-pycor
   move-to one-of patches with [pcolor = white]
]
end
to report-compliance
   ask  public  with [color = red]
   [if pcolor = green
        [set pcolor  gray
             set color cyan]
                   ]
   end
to report-uncompliance
   ask  public with [color = red]
   [if pcolor = violet
        [set pcolor  brown
             set color turquoise]
                   ]
   end
to unreport-compliance
   ask  public with [color = green]
   [if pcolor = green
        [set pcolor  green
             set color brown]
                   ]
```

```
      end
to unreport-uncompliance
   ask   public with [color = green]
   [if pcolor = green
         [set pcolor   violet
               set color cyan]
                           ]
   end
to report-supervision-compliance       ;; report-supervision-compliance
ask   government with [color = yellow]
[if pcolor = gray
[set pcolor black
   set color orange]
set t-p-earning (t-p-earning - 1)
set p-earning (p-earning + 2)
]
end
to report-supervision-uncompliance       ;; report-supervision-uncompliance
ask   government with [color = yellow]
[if pcolor = brown
[set pcolor   magenta
   set color   blue]
set p-earning (p-earning - 3)
]
end
to report-unsupervision-compliance       ;; report-unsupervision-compliance
ask   government with [color = pink]
[if pcolor = turquoise
[set pcolor lime
   set color sky]
set t-p-earning (t-p-earning - 1)
set p-earning (p-earning - 0)
]
end
to  report-unsupervision-uncompliance          ;;  report-unsupervision-uncom-
```

pliance

```
    ask   government with [color = pink]
    [if pcolor = cyan
    [set pcolor sky
        set color lime]
    set t-p-earning (t-p-earning - 1)
    set t-g-earning (t-g-earning - 2)
    set p-earning (p-earning - 4)
    ]
    end
    to unreport-supervision-compliance      ;; goog and package and unagree-
ment
    ask   government with [color = yellow]
    [if pcolor = gray
    [set pcolor  blue
        set color magenta]
    set t-p-earning (t-p-earning - 0)
    set p-earning (p-earning + 1)
    ]
    end
    to unreport-supervision-uncompliance      ;; goog and unpackage and un-
agreement
    ask   government with [color = yellow]
    [if pcolor = brown
    [set pcolor  orange
        set color  black]
    set t-p-earning (t-p-earning - 2)
    set p-earning (p-earning - 2)
    ]
    end
    to unreport-unsupervision-compliance      ;; bad and unpackage and un-
agreement
    ask   government with [color = pink]
    [if pcolor = turquoise
    [set pcolor  red
```

```
            set color  green]
    set t-g-earning (t-g-earning - 0)
    set p-earning (p-earning - 0)
    ]
    end
    to unreport-unsupervision-uncompliance        ;; bad and package and un-
agreement
    ask  government with [color = pink]
    [if pcolor = cyan
    [set pcolor  pink
        set color  violet]
    set t-g-earning (t-g-earning - 5)
    set p-earning (p-earning - 2)
    ]
    end
    to show-earning
      ask turtles[
        set label t-p-earning
      ]
    end
    to entropy-calculation
    show  ((- count government with [color = magenta]) / number-govern-
ment  * log 2 ( (count government with [color = magenta] + 1) / number-
government )
      + (-count government with [color = green]) / number-government  *
log 2 ( (count government with [color = green] + 1) / number-government)
      + ( - count government with [color = orange]) / number-government
* log 2 ( (count government with [color = orange] + 1) / number-
government )
      + ( - count government with [color = black]) / number-government
* log 2 ( (count government with [color = black] + 1) / number-government)
      + ( - count government with [color = blue]) / number-government  *
log 2 ( (count government with [color = blue] + 1) / number-government )
      + ( - count government with [color = lime]) / number-government  *
log 2( (count government with [color = lime] + 1) / number-government )
```

+ (- count government with [color = violet]) / number-government
* log 2 ((count government with [color = violet] + 1) / number-government)

+ (- count government with [color = sky]) / number-government *
log 2 ((count government with [color = sky] + 1) / number-government)

)

end

;; to-report owner?　　;; turtle procedure

;; report color = pink

;; end

to do-plots

set-current-plot "totals"

set-current-plot-pen "turtles"

plot count turtles with [(color = yellow) or (color = pink) or (color = red) or (color = green)]

set-current-plot-pen "patches"

plot count patches with [(pcolor = green) or (pcolor = violet)]

set-current-plot "numbers"

set-current-plot-pen "r-s-c"

plot count government with [color = orange]

set-current-plot-pen "r-s-unc"

plot count government with [color = blue]

set-current-plot-pen "r-uns-c"

plot count government with [color = sky]

set-current-plot-pen "r-uns-unc"

plot count government with [color = lime]

set-current-plot "problems"

set-current-plot-pen "unr-s-c"

plot count government with [color = magenta]

set-current-plot-pen "unr-s-unc"

plot count government with [color = black]

set-current-plot-pen "unr-uns-c"

plot count government with [color = green]

set-current-plot-pen "unr-uns-unc"

plot count government with [color = violet]

```
set-current-plot "entropy-calculation"
set-current-plot-pen "entropy-calculation"
plot
    ((−count government with [color = magenta]) / number-government
* log 2 ( (count government with [color = magenta] + 1) / number-govern-
ment )
    + (−count government with [color = green]) / number-government
* log 2 ( (count government with [color = green] + 1) / number-government)
    +(−count government with [color = orange]) / number-government
* log 2 ( (count government with [color = orange] + 1) / number-
government )
    +(−count government with [color = black]) / number-government   *
log 2 ( (count government with [color = black] + 1) / number-government)
    +(−count government with [color = blue]) / number-government   *
log 2 ( (count government with [color = blue] + 1) / number-government )
    +(−count government with [color = lime]) / number-government   *
log 2( (count government with [color = lime] + 1) / number-government )
    +(−count government with [color = violet]) / number-government   *
log 2 ( (count government with [color = violet] + 1) / number-government )
    +(−count government with [color = sky]) / number-government   *
log 2 ( (count government with [color = sky] + 1) / number-government)
    )
end
```